仕事がデキる
「新人・若手社員」
になる！

潮田式 "1on1《ワンオンワン》" ビジネス基礎研修

ダンドリ上手

チームワーク

ロジカル思考

トゥ・ビー・コンサルティング株式会社
代表取締役 潮田 、滋彦
Shigehiko Ushioda

はじめに

数あるビジネス書の中から、この本を手に取ってくださり、ありがとうございます。

この本は、

若手社員の皆さんが、これから激動する世の中（社会）を生き抜いていく上で、

- **必要となる力（ものごとの本質を考える力、周囲と上手にコミュニケーションを取る力、提案を通す力など）**
- **求められるあり方（仕事をする上で大切になる心の姿勢など）**

を実践的に身につけて、さらなる自己成長につなげるための本です。

通勤の途中やカフェで使えるだけでなく、自宅学習でも最適な教材になっています。

内容は、ある企業に勤める入社3年目、**自分の能力に限界を感じて悩みを抱える若手社員の「オオタさん」が、努力と根性といった昭和世代の感性で育てられながらもロジカルな思考を持つ、40代上司の「スギナミ課長」に、1対1（1on1《ワンオンワン》）でビジネスの基礎研修を受け、成長していくストーリー**となっています。

会話形式で面白くスーッと最後まで読めて、理解しやすい構成となっているかと思います。

私の仕事は、大小さまざまな規模の企業からの依頼で各種社内研修（新人研修、マネージャー研修、ロジカルシンキング研修など）、中央省庁や地方自治体などの研修を年間220日以上おこなっている講師です。

この本が出る時点で、登壇時間は1万5000時間、延べ15万人の方に向け講義をしてきました。また、執筆業としてはこの本を含め6作の著書を上梓《じょうし》しました。

そのような経験から今回は、**入社1～3年後に必ずやってくる「伸び悩みの壁」**にぶ**つかり、毎日がつまらないと思う若手社員の方の参考書、そして社員を育成する上司の方々への応援を込めてその解決策**を執筆いたしました。

また、**入社直後の方や、入社を控える学生の方の社会人ロケットスタート**にも繋がる内容かと思います。

この本の中で扱われている内容は、たとえば単に「メモを取りましょう」というレベルではありません。

なぜメモ（記録）を取ることが重要なのか？　どうやってメモ（記述）はとっていくのか？　どうすればメモ（学び）を職場や成長に役立てられるのか？　どうすればさらにメモ（仕事）の質が高くなるのか、などをワーク形式で実践していきます。

仕事の流れやその意味を「あー、なるほど！」「そういう意味だったんだね！」と、**ひ**

とつひとつ納得しながら理解していただけるかと思います。

この本の構成の特徴は、「7日間」で全てを学べるようになっていることです。

読み進めていくにしたがって、**1日ごとに思考が深くなって、今までと目線が大きく変わっていく自分に気がつく**かと思います。**この深い思考こそが、皆さんにとって一生役に立つ財産になる**のです。

なお、この本に登場する「オオタさん」と「スギナミ課長」が所属している企業の業種や業務内容や部門名は、あえて明確にしていません。

だからこそ、製造部門でも営業部門でも事務部門でも、そして自治体の方でも共感して活用できるような会話（ノウハウ）になっているのではないかと思います。

また、読み手の組織の大小によって、リアリティが違うかもしれませんので、場合によってはスギナミ課長の位置づけをグループリーダーや係長クラス（時には部長）などに置き換えたりして考えても良いかもしれません。**皆さんが受け止められる環境として読んでもらえれば**と思います。

要は、そのような**細かな設定状況が気になって何も学べないような事態は、本質的にも**

のごとを捉えられていないということです。そのような方は職場でも同じようなことをしているのではないかと思います。詳細にこだわりすぎて、ものごとの本筋が見えなくなってしまうのです。

この本では「本質」のとらえ方についても触れていますが、細かいことにこだわりすぎずに**「ここから自分が学べることは何か？」という問いを大切にしていただきたい**のです。

若手社員の皆さんへ

この本の読み手の若手社員のみなさんに２つのお願いがあります。

【ワークは必ずやってみよう】

内容の区切りの良い場面でミニワークがたくさん入っています。頭だけで考えて終わりにするのではなく、必ずワークシートに記入してみてください。

【付箋やマーカーをつけながら読もう】

自分にとって「学びになったところ」や「なるほどと思ったところ」は、付箋紙やマーカーなどでチェックしましょう。

また、これらの「ワークへの回答」や「自分にとっての学び」は、自分の**ノートなどに**

記録をしておくこともお勧めです（メモの重要性については、第1章（1日目）でふれています）。

なぜなら、ただ「**ざっと読んで終わり**」にするのと「**ワークにしっかり取り組む**」「**手を動かしてノートに記述する**」のとでは、**自分の中に残るものが全く違う**からです。

ですから、この本の内容を活用できるかできないかは、取り組み方次第だといえるでしょう。「この本は真っ黒になるくらいにする！」くらいの意気込みでフルに活用してください。

各章のまとめのページには、それぞれの内容のところに□がありますので、自分の**学びの確認用としてチェック**しながら進めましょう。

なかには、「そんなことわかってるよ！」と思うような内容もあるかもしれません。でも、**そのような発想になったときは**、**実は危険**なんです。自分が謙虚に学ぶ姿勢が薄れてきてしまうと、そのような言葉が出てきやすくなります。

「**本当に自分はできているのかな・・・**」と、**ぜひ謙虚な気持ちで自分に問いかけて**みてください。他人のためではなく、「自分のために」やってみましょう。

上司・役職者の皆さんへ

この本を若手社員の皆さんに推薦してくださった上司の方にお願いがあります。

【自分ごととして読んでください】

この本は上司として、どのように部下の話を聴いたらよいか、いわゆるコーチングのテキストとしても活用できると思います。

前向きに考え、自ら成長する部下を育てるために、どのようなアプローチが効果的なのか、登場人物であるスギナミ課長の言動から感じ取っていただければと思います。

ですので、読む際には、**「スギナミ課長の言動から学べることは何か」**という観点で読んでいってください。そして、**自らのマネジメントに反映していってほしい**のです。

若手社員の皆さんへのお願いと同じように、**付箋やマーカーなどの書き込みもウェルカム**です。現実に活かせることは、記録に残していきましょう。

あなたが若手社員であれ、役職者であれ、学びの多い一冊です。

ぜひ楽しみながら「学びの旅」をしていってくださいませ。

この本が、あなたの「一生に役に立つ財産」になることを願って・・・。

潮田、滋彦

目次

1日目

メモ力を高めて、仕事力をグレードアップしよう

2日目

「PDCA」の使い方を知り、振り返りを上手にして失敗を成長につなげよう

3日目

問題意識を高めて、受け身の仕事から卒業しよう

4日目

本質をしっかりとらえて、思考を深くしよう

5日目

コミュニケーション力を高めて、周りから信頼されるようになろう

6日目

提案力を高めて、仕事を面白くしていこう

7日目（最終日）

時間を上手に活用して、さらに大きく成長していこう

プロローグ
（ファーストミーティング）

～目的を押さえて、
言動の質を高めよう～

この本の登場人物

◉オオタさん（部下）

25歳、入社3年目になったばかりの若手社員。1年目は部門の新人賞を取るなどの活躍があり、そのことに強いプライドを持っている。しかし、前任のアラカワ課長とは折り合いが悪く、次第に職場で扱いづらい存在になってしまっている。本人としても、最近密かに伸び悩みを感じているが、周囲に相談できずにいる。

◉スギナミ課長（上司）

40代、アラカワ課長の後任として就任。バブル崩壊後の就職氷河期時代に就職し、昭和的な体育会系上司のもとで育ったが、ある時にロジカルシンキングと出会い、考え方を改める。現在は、令和時代のマネージャーを目指して日々奮闘中。

※アラカワ課長（前任）本人は、登場しません。

注1）1on1ミーティングとは、上司と部下が定期的に1対1でおこなうミーティング・面談のこと

1 「自分の言葉」で自分を語ろう

（上司）

オオタさん、こんにちは。前任のアラカワ課長を引き継ぎ、これから一緒に仕事をするスギナミです。

今日の1on1《ワンオンワン》ミーティング（注1）は、お互いのことを良く知って、これから一緒にいい仕事をするパートナーになることが目的です。

私の自己紹介は昨日の挨拶で簡単に話したね。それ以外のことも少しずつ話したいと思っているんだけれど、今日はまずはオオタさんのことをきちんと理解したいと思っているんだ。だから、あまり堅苦しく考えずに、思ったことは自由に発言してほしいな。

本格的な内容は明日からとして、今日は、まず社会人として大切なことから確認していこうね。

（部下）

はい、スギナミ課長、よろしくお願いします。

私は、**自分の目と感覚を最も大切にしている**んだ。だから、オオタさんのことはアラカワさんからの引継ぎの際にそれなりに話は聞いているけれど、それよりも「**目の前のオオ**

タさんとのリアルなやり取りを大切にしたい」と思っているんだよね。

そうなんですね。わかりました。
でも、ちょっと嬉しかったです。正直な話、私はアラカワ課長とは、あまりうまくいっていなかったので、そういう先入観で私を見てほしくなかったんです。

情報を鵜呑みにしないことは、大切な姿勢だと思うよ。
アラカワさんが言ったことは、あくまで「アラカワさんの意見」に過ぎないから。もちろん参考にはなるけれど、そのまま信じちゃいけないよね。
「〇〇さんが言ったから」とその情報を信じ込んでしまうのは危険なことなんだ。これは個人間の情報のやり取りだけではなく、**テレビや雑誌などのマスコミやインターネット、SNSなどの情報も同じ**だと思うよ。・・・とは言え、この話は重要だけど今日のミーティングの主題ではないので、またの機会に話そうね。
さて、まずはオオタさんのことを知りたいな。簡潔に、「自分はどんな人なのか」を教えてもらえるかな？

え―・・・。入社して3年目になったばかりです。え・・・、3年目になっても、担当

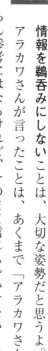

業務は変わらないです。え・・・、1年目に部門の業務表彰の新人賞をもらいました。えっと・・・、そんなところです。

いま、話をしてみて、どう思った？

いきなり自分のことを話せと言われると・・・、意外と話せないものですね。なんか、もっと言うべきこともあったかもしれないんですけど、いきなりだと難しいです。

そうだね。いきなり話すことは難しく感じるかもしれないね。でも、**その場で自分の情報や言いたいことをしっかり伝える力**って重要だと思わないかい？

なぜなら、**コミュニケーションは、その場での会話のやり取りの連続だから**なんだ。いつも話す内容を事前に準備できるわけじゃないよね。その場で、適切なことを言えなければ、うまくコミュニケーションが取れなくなってしまうんだ。

たしかにそのとおりですね。今までは自己流で思いついたことをしゃべってました。そうすると、何も思いつかないときがあるし、逆に余計なことを言っちゃったりするときもあるんですよね。どうしたらいいでしょうか・・・。

オオタさんなら、どうしたらいいと思う？

う・・・、答えを聞けると思ったら、私が答えるんですね・・・。
えっと、**相手が「何を知りたいと思っているか」**をしっかりつかむことが大切だと思います。

そのとおりだね。オオタさんは、実は**自分で答えを持っているよね。答える力もある。**
だから質問したんだ。
「正解かどうか」なんて、気にしなくてもいいんだ。**ビジネスに絶対的な正解なんかほとんどないん**だから。オオタさんの答えが何であっても、私は否定しないで「あぁ、そういう考え方もあるよね」とちゃんと受け止めるからね。
だから、遠慮しないで自分が思ったことを自分の言葉で口にしてほしいんだ。

そんなこと、言われたの初めてです。いつも何か「正解」を言わなくちゃ・・・と思っていて・・・。

そうなんだね。たしかにそう思う人は多いよね。でも、そうやって**構えてしまうと、話もできなくなる**よね。

だから、まずはミーティングとかでも遠慮しないで思ったことを発言してほしいんだ。「特にないです・・・」じゃなくてね。

さて話を戻すと、しっかりと**「目的」を考えること**は、仕事において重要なことなんだ。会話では、相手が「何を知りたいと思っているか」をしっかりつかむことが大切だ、ってオオタさんは言ったよね。そのとおりだと思うんだけれど、では、さっきのオオタさんの自己紹介では何を話せばよかったんだろうか。

目的は、課長に私のことを理解してもらうことですよね。だとしたら、課長が私の何を知りたいかですよね・・・。

あ、**私がもし課長の立場だったら、「仕事をするときに大切にしていることは何か？」とか「この2年間の業務経験で何を学んできたか？」**といったことを知りたいですね。**単なるプロフィールとかは資料を見ればわかるわけで、それよりも、その人の「思い」や「姿勢」について知りたい**と思います。

うん、いいところに気がついたね。こうやって**「相手のことを考える想像力を持つこと」を習慣にしていこう**よ。実はそれがきちんとできる人は、意外と少ないものなんだ。だからこそ、これは今後オオタさんの武器になると思うよ。

では、この学びをふまえてもう一度やってみようか。あらためて、簡潔に「自分はどんな人なのか」を教えてもらえるかな？

はい。入社して3年目になったばかりです。この2年間一貫して〇〇を担当してきました。私は日々、「任されたことをしっかりとやる」ことを心掛けて頑張ってきました。自分なりに一生懸命努力して、1年目の時には、部門の業務表彰の新人賞をもらいました。とは言え、「自分はまだまだだな」とも思っています。スギナミ課長のもとで、さらに成長したいと思います。どうぞよろしくお願いします。・・・こんな感じでしょうか。

うん、実際にやってみてどうだった？

最初のときと、全然違いました。
最初は「何を言えばいいのか、全くわからない」状態だったんですけど、今のは「目的が明確なので、言いたいことが自然と出てきた」感じがしました。

そうだね！　つまり、これが**「目的から行動する」**ということなんだ。
仕事でも同じだよ。**「何のためにこれをするんだろう」「どんな成果を作ることがゴールなんだろう」と考えることで、すべきことが明確につかめるようになるんだ。**

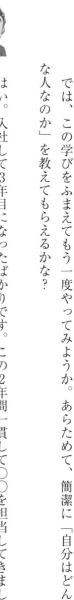

【ミニワーク 0－1】

ここまでの学びをもとに、

①あなた自身の日頃の行動をふりかえってみましょう。目的をしっかりと押さえた上で行動していましたか？

②今回のオオタさんのように、「新しい上司に自分を紹介する」という前提で自分のことを題材にして話してみましょう。
ふりかえって、気がついたこと（うまくいったこと、いかなかったこと、今後気をつけたいことなど）をメモしておきましょう。

2 「自分への期待」を正しく知ろう

先ほど、オオタさんが自己紹介してくれたけれど、その中で、「任されたことをしっかりとやる」ことを心掛けて頑張ってきた、と言ってたよね。

はい。自分なりに、この2年間はベストを尽くしてきました。

1年目は高く評価してもらったんですけど、2年目はそうでもなかったです。2年目も頑張ったはずなんですけどね。評価されませんでした。

そうなんだ。自分なりに頑張ったという実感があるのに、評価されないと感じるのはストレスがたまるね。この話はとても重要だと思うけれど、もう少し時間が経ってから、きちんと話すようにしようね。

さて、これから一緒に仕事をしていくにあたって、**若手社員であるオオタさんに期待すること**を伝えるね。どれも重要なことだよ。

■若手社員のオオタさんに期待する3つのこと

①業務をしっかり覚え、職場の目標達成に貢献すること ②職場のメンバー間でコミュニケーションを取り、チームの一員として活動すること ③現場のリアルな声を伝えたり、改善案を提案したりすること

①業務をしっかり覚え、職場の目標達成に貢献すること

これは想像つくよね。まずは、しっかりと実務をやってほしい。そのためにも、**担当業務を確実にミスなくできるようになってほしいんだ。**

そして、企業の中の組織には、必ず目標があるよね。もちろん、私たちの部門にもある。これは昨日のグループミーティングでも詳しく紹介したばかりだね。**目標を達成することは、組織としてとても重要なことなんだ。**

そのために、オオタさんとして何をすべきかを考えてほしいんだ。もちろんそのための相談には、いくらでも乗るからね。

まずは①がとても重要だね。そして②と③は、①を達成するために必要なことになるね。

②職場のメンバー間でコミュニケーションを取り、チームの一員として活動すること

仕事は一人だけではできないから、**一匹狼にならないでほしいんだ。**周りの先輩や後輩と連携を取りながら、仕事を進めてほしい。当然のことと言われれば、そのとおりかもしれないね。でも、オオタさんも話してくれたけれど、上司と上手にコミュニケーションを取ったり、職場の人たちとうまくやることって、意外と難しいことなんだ。ではどうしたらいいかは、追って考えていこうね。

③現場のリアルな声を伝えたり、改善案を提案したりすること

これは②とつながることかもしれないけれど、オオタさんが業務をしていて気がついたことを、周囲と共有したり、上司である私に教えてほしいんだ。**オオタさんだからこそ感じるリアルなことを言ってほしい。**まずは問題意識でもいいし、改善案でもいいし、現場で起きている生の声でもいい。

どうだったかな？　まずは、**「自分への期待」を正しく理解することが、目的から行動することにつながるんだ。**

それと、オオタさんは3年目になったばかりだけど、近いうちに次のステップとして、**「次期リーダーとしての力を身につける」ことも期待されるようになる**からね。今から少しずつその準備をしておくといいと思うよ。

わかりました！　そのとおりですね。期待に応えられるように頑張ります！

【ミニワーク 0−2】

ここまでの学びをもとに、

①あなた自身が「上司から期待されている」と思うことをまずは（上司の話を聞かないで）書いてみましょう。

②実際に上司と話をして、①との答え合わせをしてみましょう。
実行して、気がついたこと（うまくいったこと、いかなかったこと、今後気をつけたいことなど）をメモしておきましょう。

3 ミーティングの価値を高めるための3つのルール

これから定期的に、オオタさんと1on1ミーティングをしていくけれど、その時に3つのルールがあるんだ。「ルール」というと固く感じるかもしれないけれど、**このミーティングの価値を倍増させるためのお願い**で、オオタさんだけじゃなくて、ほかの人とのミーティングでもお願いしていることなんだ。

せっかくお互いに貴重な時間を使うんだから、有意義な時間にしていこうよ。

はい。どのようなものでしょうか?

これから紹介する3つのルールは、特別なものではないんだ。**通常のミーティングなどでも役立つ**ものだから、しっかり意識して進めていこうよ。

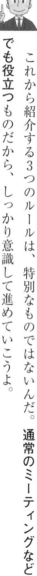

1on1ミーティングを価値あるものにする3つのルール

①自分の意見を自分の言葉で口にすること
②相手の話を否定せずに、まずは受け止めてみること
③しっかりとメモを取って、後で使える資料にすること

①は、もういいよね。今日のミーティングの最初にも話したね。
②は、今後タイミングを見て詳しく話そうと思っているけれど、否定から入ってしまうと、本来自分にとって価値ある内容が受け止められなくなってしまうんだ。
そして③については、明日時間を取って、きちんと話そうね。

わかりました。せっかくの時間ですから、価値ある時間にしたいですものね。
どれも意識して参加するようにします！

【ミニワーク 0−3】

ここまでの学びをもとに、あなた自身の1on1ミーティング（対面、オンラインを問わず）の際に「3つのルール」を実際に意識して参加してみましょう。

また、職場の（大人数の）ミーティングなどでも活用しましょう。実行して、気がついたこと（うまくいったこと、いかなかったこと、今後気をつけたいことなど）をメモしておきましょう。

プロローグのまとめ

□ 「○○さんが言ったから」とその情報を鵜呑みにして信じ込んでしまうのは、危険なことだ。これは、テレビや雑誌などのマスコミやインターネットなどの情報も同じだ。

□ その場で自分の情報や言いたいことをしっかり伝える力を磨こう。なぜなら、コミュニケーションは、その場での会話のやり取りの連続であり、的確な情報伝達ができなければ、コミュニケーション自体が成立しなくなってしまうからだ。
そのためには、相手が「何を知りたいと思っているか」をしっかりつかむことが大切になる。

□ ビジネスにおいては、「絶対的な正解」などはほとんどない。だから、「正解かどうか」を気にせずに発言しよう。「正解を言わなくては」と構えてしまうと、何も話せなくなってしまう。

□ 「相手のことを考える想像力を持つこと」を習慣にしよう。この力を磨くことは、今後の大切な武器になる。

□ 常に「目的」を押さえて行動しよう。「何のためにこれをするんだろう」「どんな成果を作ることがゴールなんだろう」と考えることで、すべきことが明確につかめるようになる。

□ 若手社員は、一般的に次の3つのことが期待されている。
①業務をしっかり覚え、職場の目標達成に貢献すること
②職場のメンバー間でコミュニケーションを取り、チームの一員として活動すること
③現場のリアルな声を伝えたり、改善案を提案したり

すること

□ まずは「自分への期待」を正しく理解しよう。それが「目的から行動する」ことにつながっていく。

□ さらに、次のステップとして、「次期リーダーとしての力を身につける」ことも期待されるようになる。少しずつその準備をしておくといい。

□ 1on1ミーティングを受ける際には、次の3点を意識すると、価値の高いミーティングになる。これは、通常のミーティングでも役に立つ考え方だ。
①自分の意見を自分の言葉で口にすること
②相手の話を否定せずに、まずは受け止めてみること
③しっかりとメモを取って、後で使える資料にすること

1日目

メモ力を高めて、
仕事力を
グレードアップしよう

1 メモを取ることは本当に大切なこと

（上司）

さて、今日から本格的に１ｏｎ１ミーティングを始めていくからね。昨日、3つのミーティングのルールについて話したね。その3番目の項目についてなんだけど、ミーティング中のオオタさんを見ていると、**まったくメモを取っていない**ように見えるね。昨日もそうだし、就任時のグループミーティングでもそうだった。メモを取らないのには、何か意図があるの？

（部下）

え、特別な意図とかはないです。でも、メモなんか取らなくても、覚えていますから大丈夫ですよ！

そうなんだね。では、どれくらいきちんと覚えているかを確認してみようか。就任時のグループミーティングでは、私から職場メンバーに伝えたいことが5つあるって言ったよね。それは何だったかな？

えっと、そんなの簡単ですよ。一つ目は課長の就任あいさつ。いろいろな部門での経験

があるんだなぁ、と思いました。二つ目は今期の方針。三つ目は、え〜と、何でしたっけ・・・。

なるほど、これが現状だね。グループミーティングで伝えた5つのことについては、あとでもう一度、特別に伝えようね。その前に、いま、私がどんな気持ちでいるかわかるかな？

ガッカリした、という感じでしょうか。でも、忘れたのは、今回だけですよ。今はちょっと緊張していて・・・。いつもは覚えてるんです。

ガッカリと言うより、残念に思うよね。なぜなら、オオタさんに仕事を任せることを不安に感じるようになったからね。今回はたまたまかもしれないけれど、**不確実性の高い人と仕事はやりたくない**から。**仕事は信頼関係で成り立っている**から、その信頼を壊すようなことは避けたほうがいいよね。

しかも、あとでもう一度伝え直さなければならないから、**相手の時間を奪う**ことにもつながる。ふつうは二度も同じことを言ってもらえないよ。つまり、オオタさんが**しっかりと記録をしていないと、実は周りに大きな迷惑をかけることになる**んだ。

なんでこんなことを言っているかというと、**一事が万事**だからなんだ。つまり、相手が**「オオタさんと仕事をすることは不安だ」という印象を持ってしまう**からだよ。他人にそう思われてしまうことは、オオタさんの長い人生にとって、もったいないことだよね。

それは先輩から、時々言われます。「オマエ大丈夫かよ」って。でも、大丈夫だと思っていましたし、そんなに深刻に思っていませんでした。

このままだと、そういう印象がずっとついて回ってしまうよね。本来、オオタさんは優秀な人なんだろうと思うけれど、その優秀さが発揮しきれなくなってしまうね。このようなことをなくすためにも、まずはきちんとメモを取ることから始めてほしいんだ。

メモですか。とりあえず何かに記録をするようにします。

なるほど。ただ、その辺の紙にテキトーに書いてしまうと、きっと行方不明になってしまうよね？　本当に必要な時に情報を取り出せなくなってしまう。なので、記録をする媒体をしっかりと決めることから始めるといいと思うよ。

■オオタさんの新人時代のノート

4／1　入社式
社長あいさつ
1. 事業環境
2. チャレンジ30
3. 全力で

人事部長
チャレンジ
20と50
問題意識を高める
コミュニケーションが重要

方針

コンプライアンス推進室
ルール

34.2億円

言われてみれば、たしかにそうですね。

あ、そういえばデスクの中に**新人時代のノート**がありますので、今持ってきます。ほとんど使ってないので、まだまだ書ける余地があるはずです。

ちょっと待ってもらえますか・・・お待たせしました！

持ってきてもらったノートは、最初の1ページで終わっているね・・・。ちょっと見てみようか。

恥ずかしいですね。メモを取ることが面倒くさいのと、照れくささがあって、すぐにやめちゃったんですよね。人の話ってうまく記録できないし。それなら書くよりも、覚えていたほうがいいかなって思いました。

このページを見て、**どんな話があったのか再現できる**？

いや〜、さっぱりわからないですね。何について話していたのか、ほとんど想像がつかないです。

【ミニワーク 1－1】

　ここまでの学びをもとに、あなた自身の日頃のノート（やメモ）をふりかえってみましょう（タブレットやスマートフォンなどに記録をしている方はそれでもかまいません）。

　きちんとした記録ができていますか？　記録自体をしていない人は、その事実を見つめてください。ふりかえって、気がついたこと（うまくいっていること、いっていないこと、今後気をつけたいことなど）をメモしておきましょう。

2 この3つを押さえれば、しっかりとメモが取れる！

そうだね。**再現ができないメモは、結局は使えない**ということなんだ。

では、どうやってメモを残したらいいのか、簡単なコツが3つあるので、紹介するよ。

まずは私が言うことをちゃんと記録してみようよ。

メモを取る際の押さえどころは3つ。それぞれの詳細説明は後でするからね。

①思いついたり、重要だと思ったことは、その場で書く

②単語ではなく、文章で書く

③抽象的で大きな内容ではなく、具体的で身近な内容で書く

どれも簡単そうですね。でも、やっているかと言われると、全然やっていないかもしれないですね。

そのとおりなんだ。頭では理解できても、実際にはやらない人が多いからね。でも、ちょっとしたことでも、**やるのとやらないのとでは大違い**だよね。

では、それぞれについて、詳しく説明するよ。

注2）出典：Business Insider。マサチューセッツ工科大学（MIT）の認知科学研究者で、加齢に伴う知能の変化に関する研究を率いているジョシュア・ハーツホーン（Joshua Hartshorne）氏によるデータより

①思いついたり、重要だと思ったことは、その場で書く

やはり、人間は忘れる動物だからね。**その場で残さないと、振り返ることができなくなる**よね。

アメリカの調査で、**「人間の記憶力のピークは10代の後半」**という結果が出ているものがあるんだ（注2）。このデータは絶対的なものではないにしても、たしかに10代の後半になると、ものごとをしっかりと体系的に考えられるようになるよね。

それは実感があります。大学受験の頃って、しっかり記憶ができていた気がします。

そうだね。でも20代になると、物理的に「忘れる」ようになってしまう。

だからこそ、しっかりと記録しておかないと困ったことになってしまうんだ。

言われてみると、そのとおりですね。今までの経験で、記録をしなくてもそれなりに覚えているものだから、「自分はメモを取らなくても大丈夫だ！」と思い込んでしまうんですね。

うん。だとしたら、今からさっそく**新しい習慣を身につけてみよう**よ。

思いついたことや重要だと思ったことは、まずはその場で記録をすること。人間は習慣の動物だから、くりかえすうちに、自然とできるようになるよ。

さて、二つ目のポイントを説明しようね。

②単語ではなく、文章で書く

これはオオタさんの入社時のメモを見れば一目瞭然だね。
単語で書いてしまうと、まったく意味の解らないメモになってしまう。

本当にそのとおりですね。恥ずかしいです。
たとえば、人事部長のところのメモに「チャレンジ」ってあるんですけど、これって主語がないので、誰がチャレンジする話なのかがさっぱり分からないですね。会社なのか、それとも新人なのか、人事部長に聞いてみたいです（笑）。「20と50」というのも、意味不明ですね。

あはは、そうだね。つまり、**単語で書いてしまうと、時間が経過すると詳細がわからなくなること**が問題なんだ。だから文章で書いたほうがいい。そうすれば、「いつどこで誰がどうしたのか」がよくわかるようになるよね。でも、オオタさんが経験したみたいに、

その場ではなかなかうまくメモが取れないんだ。
職場のミーティングでも同じようなことが起こっていると思うよ。これは伝える側にも原因があるんだけど、人の**「話すスピード」と「書くスピード」は全然違う**んだ。なので、一度言われただけでは、正確に記録できないんだよね。私はできるだけ気をつけて伝えるようにしているけれど・・・。だからみんな、その場でメモを取ること自体を諦めてしまいがちなんだ。
ではどうしたらいいかというと、簡単なコツがあるんだ。2つステップがあるので、紹介していくね。**「文章で記録できないときのメモの取り方」**だよ。

a. まずは、キーワードレベルで記録をして、余白をあけておく

これはすぐにできるよね。オオタさんの入社時のメモもこんな感じだったよね。でも、これで終わってしまうと、キーワードは単語なので、後でわからなってしまう。なので、次のステップがあるんだ。

b. 余裕ができたタイミングで、余白のところに補足を書き入れていく

次に、キーワードで書いたメモをチェックして、余白のところに「これはこういうことだった」とか「これはこういう意味だった」とか「これはこういうニュアンスで言われていた」などの補足情報を書きいれることが重要なんだ。そうすることで、そのメモは後々本当に使える「資料」に生まれ変わるんだよ。

これは簡単なことだけど、やるかやらないかは大違いだよね。

では、「余裕ができたタイミング」と言うのはどういうタイミングなのか、オオタさん考えてみようか。

はい。余白のところに記録する内容としては、いま仕事で言われている「5W3H」(注3)が役立ちそうですね！

余裕ができたタイミングと言うのは・・・、たとえば**ミーティングが終わったタイミング**とかがいいんじゃないかなぁと思います。区切りがついてちょっと余裕ができますよね。

そうだね。オオタさんが言ったみたいに、まず1つはミーティングが終わったタイミングはあるね。他には、ミーティングの途中でも、そこまで取ったメモをチェックすることはできるよね。**ミーティング中**でも、ちょっと雑談があったり、あるいはそんなに重要じゃないような話もあったりするから、そういう時に補足を書くことができるといいよね。

それからもう一つ重要なことは、**3時間以内にメモをチェックすること**なんだ。人間の記憶には時間制限がある。特に、短期記憶は時間が経つと消えてしまうんだ。つまり、その

注3）5W3H：What（何を）・When（いつ）・Where（どこで）・Who（誰が）・Why（なぜ）・How（どのように）・How much（いくらで）・How many（どれくらい）

場でざーっと単語で書いた内容は、3時間位するとどんどんその意味が曖昧になってしまう。

これはオオタさんも経験があるんじゃないかな。たとえば、朝一番で「連絡」とメモを取ったとするよね。お昼ぐらいになると、それが「誰に対する連絡なのか」「何を連絡するのか」「メールで連絡するのか、電話で連絡するのか」などの**詳細が曖昧になってしまうんだ。**

これは、すごくありますね。電話を取ったときも、手元のメモ用紙に簡単な単語でしかメモを取らないので、時間が経つとさっぱりわからなくなってしまったりします。
3時間以内というのは、重要なタイミングかもしれないと感じます。

そうだね。こういうポイントは、実感とともに押さえるようにするといいよね。
では最後に三つ目のポイントを説明していこう。

③抽象的で大きな内容ではなく、具体的で身近な内容で書く

オオタさんの新人時代のメモの中に「コミュニケーションが重要」ってあるよね。
これについて感じることはある？

漠然としていますね。「コミュニケーションが重要」って書いてあっても、そんなこと

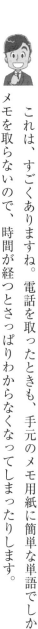

当たり前じゃないか！　って思います。

そうだね。つまり、抽象的に漠然と書いてしまうと、後で読んだときに「だから何？」と感じるメモになってしまうんだ。だから、もっと具体的に書く必要があるんだ。別の言葉で言うと、**リアルな表現で書く**、と言ってもいいかもしれないね。

では、「リアル」ってどういうことなのかを、先程の「コミニケーションが重要」というメモを使って考えてみようか。もっとリアルに書くとしたら、オオタさんだったらたとえばどのように書くかな？

そうですね・・・。たとえば、朝出社したときに大きな声で明るく「おはようございます」と挨拶するとか、そんな感じですか？

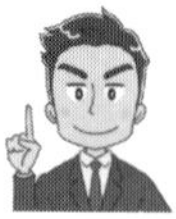

うん、それも一つだね。実際には、人事部長の講話の中では、具体的な話があったはずだよね。たとえばこんな感じかな。

人事部長になったつもりで、講話を再現してみるね。

「皆さんが職場に配属されたときに、ぜひまず意識してほしいことは、コミュニケーションが重要だということです。仕事は人とのつながりによって成り立っています。だからこそ、お互いがしっかりと意思疎通をしあって、良い人間関係を作ることが大切なんです。そのためにも、たとえば朝出社した時には自分から大きな声で『おはようございます！』と挨拶したり、わからないことは自分から先輩に質問に行ったり、笑顔で人と接したりすることが大切だと思います・・・」

今の話は私が勝手に考えた人事部長の話の例だけど、こういう話があったときに、大きな内容である「コミュニケーションが重要」というところだけをメモにとっても、結局あとでわからなくなってしまうということなんだ。何をしたらいいのかが残らないからね。

だから、**リアルな部分も記録してほしい**んだよ。

とてもよくわかりました。漠然とした内容だけを書いてしまうと、あとで意味がわからなくなりますね。

そのとおり。メモの取り方の簡単なコツを3つ紹介したけれど、すべての根本にあることは、**メモは後で活用するために取る**ということなんだ。

時間が経ったときに理解できないメモが残っていても、仕事で使えないし、もしかすると意味を取り違えてトラブルになりかねないよね。

だからこそ③**リアルに記録しないと意味がわからなくなるし、②文章で残したほうが内**

容の再現性が高くなるし、①その場で記録をしておかなければ、振り返ることすらできなくなる・・・と言うことなんだ。

はい！　とてもよく理解できました。メモってホントに重要なんですね。

そうなんだ。メモは身近なものであるがゆえに、自己流で済ませている人が多いんだよね。
さて、メモの取り方について簡単に紹介したけれど、きちんとメモを取れたかな？

はい、記録をするって決めると、それなりにメモが取れるものですね。
こんな感じです・・・。

■オオタさんの「メモ」に関するノート（初期のノート）

①思いついたり、重要だと思ったことは、その場で書く
・記憶力のピークは10代後半
・習慣化が大切

②単語ではなく、文章で書く
・文章で書けないときは
a. キーワードレベルで記録し、余白をあける
b. 余裕ができたタイミングで余白に補足を書く
（3時間以内に）

③抽象的で大きな内容ではなく、具体的で身近な内容で書く
・リアルな表現で書く

【まとめ】メモは後で活用するために取る

ちょっと見てみようか。お！　だいぶ書けているね！
自分でやってみて、どう思う？

はい。入社時よりも断然に上手になった気がします！
まだまだ改善点があるような気がするんですが、でもどうしたらいいんでしょうね・・・。

3 「見える化」を意識すると、さらにわかりやすいメモになる

では次のステップとして、もう少し見やすくするために、メモに**「見える化」の工夫をしていこうか。**
「見える化」のためには、①**強調**　②**図解**　③**階層**　を意識するといいと思うよ。

①**強調**のためには、色のペンなどを使えるといいんだろうけど、今のオオタさんみたいに、黒しか持っていなくても強調はできるよね。**下線**を引いたり、**四角**でくくったり、**星印**をつけたり・・・いろいろとできるね。

②**図解**のためには、もちろん先ほどの四角などの**図形**も使えるし、**矢印**なども役に立つね。

なぜなら矢印を使うことで、ものごとのつながり感や因果関係がわかるようになるから、あとで読み返した時に解りやすくなるんだ。また、補足の説明などは**吹き出し**を使ってもいいかもしれないね。吹き出しって、一目見ただけで「補足の内容」だってわかるよね。

③**階層**とは、上下関係を表すことだね。今回の内容は、最初に3つの内容を予告してから詳細を説明したから、階層関係で書きやすかったんじゃないかな。基本的に階層にするときには、**項目の大小**を意識して書かないといけないね。大きな内容の下に小さなものが来るようにすることで、内容がわかりやすく整理できるんだ。

それと、階層のトップには、必ず**タイトル**や**テーマ**を書こう！　これをしないと、あとで「ここに書いてある3項目って、なんだっけ？」ということになってしまうよ。

ありがとうございます！　ちょっと手直ししてみますね。

・・・やってみましたが、どうでしょうか？

■オオタさんの「メモ」に関するノート（見直し版）

効果的なメモの取り方　★必ず実行！

①思いついたり、重要だと思ったことは、その場で書く

・記憶力のピークは10代後半

・習慣化が大切

だからこそ、その場で書くことの

②単語ではなく、文章で書く

単語だと内容が曖昧になる

・文章で書けないときは

a. キーワードレベルで記録し、余白をあける

b. 余裕ができたタイミングで余白に補足を書く（3時間以内に）

→メモはこまめにチェックしよう！

③抽象的で大きな内容ではなく、具体的で身近な内容で書く

「だから何？」を具体的に！

・リアルな表現で書く

例）コミュニケーションが重要

→自分から朝明るく挨拶をしよう！　…など

【まとめ】メモは後で活用するために取る

→時間が経っても理解できる表現で書けているかを確認しよう！

うん、時間が経っても、何を書いたのかが理解できるようになったと思うよ。
オオタさんは、やってみてどう思った？

はい、ちょっと手を入れるだけで、まったく変わるんだなと実感しました。
だからこそ、見直しが必要なんですね！
なんだか楽しくなってきました！　しばらくはメモを取ることを意識して新しい習慣にしていきたいと思います。
時々、課長にもノートを見てもらおうと思いますので、よろしくお願いします！

「後で使えるメモの取り方」が、習慣になるといいよね。
世の中には「ノート力」などを解説している本もたくさんあるから、もちろんそこからさらに学んでもいいと思うけれど、少なくてもここまで解説したことはどれも簡単だから、まずはそれをやってみるといいんじゃないかな。
メモを取ることは簡単なことかもしれないけれど、**メモ力を磨くことは一生使っていけるスキル（技能）になる**から、身につける価値があると思うよ。

はい。それをまさに実感しました。

4 柔軟な姿勢であるかどうかは、一生で大きな差になる

こうやって、**いいなと思ったことを自分でドンドン取り入れてみること**はとても重要なんだ。これがつまり**「学ぶ」**っていうことなんだね。

オオタさんは今、20代の真ん中あたりだけど、**人間は、次第に自分のやり方や考え方で固まってしまう**ようになるんだ。職場に限らず、周りをみても、そういう人はいるよね。

その「自己流」がうまくいっているならば、これからも続ければいいのだろうけれど、いつの間にか他のやり方や考え方を排除するようになってしまうんだね。

だからこそ、**他のものを受け入れる「柔軟性」**が重要なんだ。柔軟性を持っていれば、他人の話をきちんと聞く姿勢も身についてくるよね。

柔軟な姿勢で生きている人と、そうでない人の差は、長い人生では驚くほど大きなものになってしまうんだよ。

これは私なりに、いろいろな人と出会ってきて実感していることなんだ。もちろんこれは「自戒」も込めて言っているのだけど。

ありがとうございます。自分にとって役に立つものを柔軟に取り入れる姿勢は、本当に重要ですね！　これからも引き続き、いろいろと教えてください。

誤解しないでほしいのは、私が言うことを鵜呑みにしろと言っているわけではないんだよ。それでは「思考停止」だからね。

「自分にとって価値があると思ったこと」はドンドン取り入れてみようということなんだ。

【ミニワーク 1－2】

ここまでの学びをもとに、「効果的なメモの取り方」を習慣にしましょう。

どのようにすれば習慣化すると思いますか？　そのための道筋や気をつけるべきことを書いておきましょう。

1日目のまとめ

□ メモを取らずに記憶だけで仕事をしていると、仕事の不確実性が高くなり、相手からの信頼を失うことになる。また、情報を再度伝達しなおすなどの手間がかかり、相手の時間を奪うことにもなる。

□ 仕事は「一事が万事」だ。一つのことで信頼を失うと、他のことでも信頼を失うことになりかねない。

□ メモを取る際の押さえどころは3つ。
①思いついたり、重要だと思ったことは、その場で書く
②単語ではなく、文章で書く
③抽象的で大きな内容ではなく、具体的で身近な内容で書く
つまり、メモは「あとで活用する」「時間が経過しても理解できる」ことを想定して取ることが重要である。

□ 人間の記憶力のピークは10代の後半だと言われている。だから、その頃の感覚でメモをしないでいると、忘れることになってしまう。

□ 単語でメモを取ってしまうと、情報の詳細を思い出せなくなってしまう。
だから、5W3Hなどで具体的に記録をしよう。

□ その場で文章での記録ができないときは、
a. まずは、キーワードレベルで記録をして、余白をあけておく
b. 余裕ができたタイミングで、余白のところに補足を書き入れていく
なお、メモのチェックは3時間以内が効果的である。

- [ ] リアルな表現で書くことが大切。大きな（抽象的な）内容だけを残してしまうと、あとで具体的な状況や方策が理解できなくなる。

- [ ] 記録したメモの質をさらに高めるには、「強調」「図解」「階層」などを意識して整理するとわかりやすくなる。また、タイトルやテーマも必ず記載するようにする。

- [ ] 「いいな」と思ったことを、自分でドンドン取り入れてみよう。
これがつまり「学ぶ」ということだ。

- [ ] 人間は、次第に自分のやり方や考え方で固まってしまうようになる。
だからこそ、他のものを受け入れる「柔軟性」が重要であり、柔軟な姿勢で生きている人と、そうでない人の差は、長い人生では驚くほど大きなものになってしまう。

2日目

「PDCA」の使い方を知り、振り返りを上手にして失敗を成長につなげよう

1 失敗はダメなことじゃない。なぜなら・・・

(上司)

オオタさん、今日はどうしたのかな？

(部下)

はい。二つあって、お時間を取ってもらいました。一つはだんだんメモの取り方が習慣になってきたのでそのご報告と、もう一つは課長に相談に乗ってもらえたらと思うことがあって・・・。

なるほど。メモは毎日続けているんだね。**続けることで、新しい習慣になっていくよね。**メモはやってみて、どんな気づきがあった？

はい。正直言って、最初は「ノートにメモを取るなんて面倒だな」ってどこかで思っていたんですけど、それはメモを取ることの価値がまだまだ分かっていなかったからだと思いました。だから、忘れちゃうこともありました。

でも、メモの取り方のコツを知って、**仕事でも本当に役に立つと実感できるようになってからは、自発的にメモを取るようになりました。**仕事でのミスや行き違いが大きく減ったと思えるんです。だから、**とても嬉しい**です！

それと、**きちんとメモが取れると、あとで読み返す気になる**んですよね。汚い字でごちゃごちゃ書いてしまったり、単語だけでスカスカなノートって読もうとも思わないですけど、わかりやすく整理してあると、それだけで嬉しくて読み返そうと思います。

嬉しくなるって、いいよね。それだけでモチベーションが上がるからね。

それと、とても価値のある学びを言ってくれていたね。**実感の伴う学びは、その後のさらなる行動につながる**ということだね。**だからこそ、まずは「やってみる」ことが大切**なんだ。そしてやってみて、**実際に成果にもつながっている**。ぜひこれからも続けてほしいな。

さて、もう一つの件がとても気になるね。「相談」って、どうしたの？

はい。私は今まで人に相談なんかしたことはないんですけど、課長との１ｏｎ１ミーティングを受けてから、「この人だったら、私のことをちゃんと理解してアドバイスしてくれるんじゃないか」って思うようになったんです。失礼な言い方かもしれないですけど・・・。

それはありがとう。今日も、少しでもオオタさんの役に立つ時間になるといいね。

何か困ったことでもあるのかな？

最近、**「伸び悩んでる」**感じがするんです。入社したころは勢いやセンスで仕事をしていたんですが、最近は失敗も多いし・・・。メモによる失敗は減ったんですけど、それ以外にもミスが多くて周りの目が痛いんですよね。

そうなんだね。自分で「何かがうまくいっていない」感覚があるんだね。「失敗やミスが多いから、伸び悩んでいる」って感じているの？

そうなんです。失敗が続くと、「自分は実はダメな奴なんじゃないか」って思うようになって、落ち込むんですよね。明るくふるまっていても、実は落ち込んでるんですよ。だから、夜飲みすぎちゃったりして・・・。そうすると翌朝もつらくて、ますます仕事にも身が入らないという・・・。

なるほど。失敗が続いて落ち込んじゃうんだね。で、仕事にも身が入らなくなっているという状況なんだね。

ところで、オオタさんは「失敗」って言ってたけれど、**「失敗」って何だろう。**

他人に迷惑をかけることです。職場のメンバーだけでなくて、お客様にも迷惑をかけてしまっている気がします。こうやって話をすると、ますます落ち込みます。誰にも言えないですけど、自分ってダメだなって・・・。

他人に迷惑をかけることは、何とかしないといけないね。ところで先ほどの質問に戻るけれど、「失敗」の正体や原理って何だろうね。二つの切り口で考えてみようか。

①失敗とは、とても価値あるものだ。それはなぜ？
②オオタさんはダメな人だから失敗するの？

えぇー、そんなこと考えたことなかったですね。失敗ってとにかくダメなことだと思い込んでいて、失敗をする自分はダメな奴だって・・・。

でも、考えてみますね。**「失敗はとても価値がある」**。なぜなら・・・う～ん、なんだろう・・・。

あ！**「失敗をすることで、その結果から学ぶことができるから」**でしょうか。

①については、そのとおりだね。つまり、**失敗から学ぶことができれば、それは大成功だということなんだよ。その失敗が糧となって、さらに前に進むことができるからね。**だから、失敗から学ぶようにすることが大切なんだ。

2 失敗を「価値あるもの」にするために「PDCA」の使い方を知ろう!

失敗から学ぶことが大切だって話をしたよね。
じゃあオオタさん、そのためにはどうしたらいいと思う?

失敗から学ぶためにはどうするか、ですか?
しっかりと失敗をふりかえって反省することでしょうか。そう考えてみると、私はあまりきちんと反省をしていなかった気がします。

そうなんだね。そこにオオタさんが「伸び悩んでいる」って言っていたことのヒントがありそうだね。新人の頃に「PDCA」って学んだことがあると思うけど、PDCAって何だっけ?

■自己成長や業務改善におけるPDCA

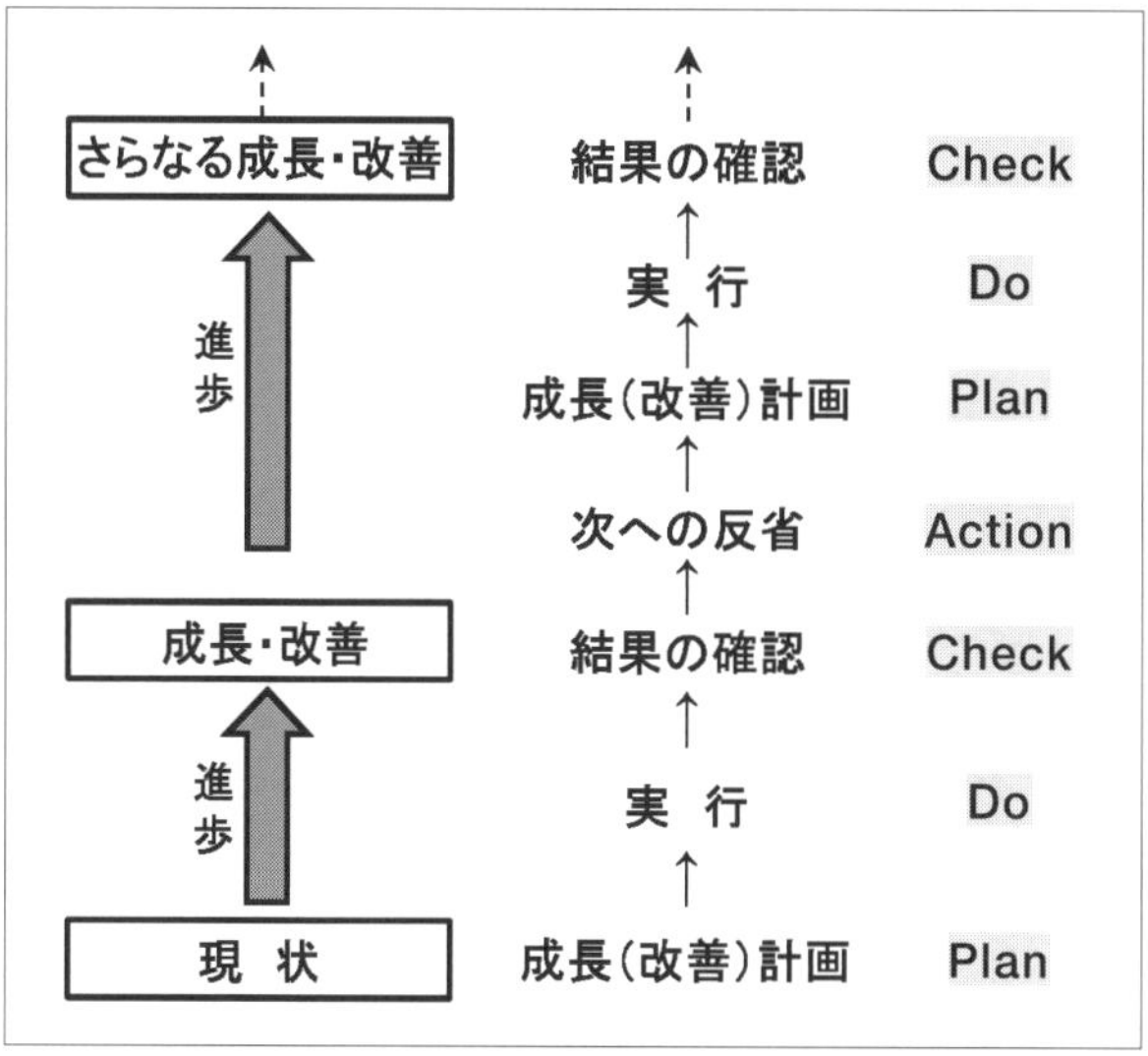

はい。職場でもよく聴く言葉ですよね。**Plan（計画）**を立てたらそれを**Do（実施）**して、実施後に成果の**Check（確認）**をして次回への**Action（処置）**を考える・・・という流れですよね。でも、私はふだん**「Do」に力を入れて、その他がおろそか**になっていた気がします。

なるほど、「Do」はとても大切なプロセスだよね。「Do」がなければ成果につながらないし、なにより行動力が問われるからね。でも「Do」だけだと成長が遅くなってしまうことはわかるかな？

ＰＤＣＡって言われても、今一つピンとこなかったんですよね。頭ではなんとなくわかるけれど、そんなサイクルを回さなくてもとにかく行動すれば成果は出るじゃないかって。で、実際、しばらくはそれでうまくいっていましたし・・・。

ＰＤＣＡの**ＣとＡがおろそかだと、次の仕事の質が低くなる**んだ。

Ｃで成果の確認をしたときに、**「何がうまくいって、何がうまくいかなかったか」を謙虚に振り返る**ことが重要なんだ。なぜなら、

◎**うまくいったこと：**自分の「強み」として、繰り返しできるようにして、「成功パターン」を作る

◎**うまくいかなかったこと：**原因をしっかり探ることで、次回のパフォーマンス（行動の質）を改善する

・・・ことができるからなんだ。つまり、**仕事がうまくいってもいかなくても、振り返りをしっかりすることが「次の仕事」につながる**んだね。

たとえば、スポーツ選手を想像するとわかりやすいかもしれないね。野球選手やサッカー選手がスーパープレイをしたときに、それをそのままにしてしまったら「偶然できた」だ

けになってしまう。しっかり分析して何度も繰り返して練習して「再現性を高める」ことで、**スーパープレイが「必然」で生まれるようになる**よね。逆にプレイがうまくいかなかったときは、それをしっかり分析して二度と同じことをしないように対策を打つよね。

仕事でも同じことだよ。振り返りをしないと、漠然と仕事をするだけになってしまい、成長が遅くなるということなんだ。

オオタさんは、事業部の新人賞をもらったことがあるよね。もしかしたら、それで安心してしまったのかもしれないね、「自分はセンスがある」って。でも、**努力をしないでセンスだけで仕事ができるのは、入社して数年ぐらいで、その後は伸び悩んでいく**ものなんだ。

ウサギとカメの話のように、**地道に振り返りをして努力をしている人に、いつか抜かされてしまう。**

まさにそのとおりです。私、仕事をずっと舐めてました。こんなもので充分だろうって・・・。
でも周りの同期に追い越される感じがして、ヘコんでいたんです。

そうか・・・。でもね、オオタさん。**気がついたときがチャンス**なんだよ。
オオタさんには、とてつもない伸びしろがある。それを開花させていくタイミングなんだ。

ありがとうございます！　謙虚に仕事の振り返りをすることが、自分の成長につながるんですね。**せっかく仕事をするのなら、質の高い仕事をしたほうが精神衛生上、楽ですね。**

そうだね。**「質の高い仕事」をすることが、結果として「効率的な仕事＝時短」につながる**しね。では、仕事の振り返りをすることも、**新しい習慣**にできるかな？　どうしたらいいだろうか？　オオタさんなら、どう思う？

毎日、その日の仕事を振り返る時間を取ります！　夕方がいいと思うんですけど、その日を振り返って、**「できたこと」と「できなかったこと」、「うまくいったこと」と「いかなかったこと」を考えて、「次はどうしたらいいか」「改善点はないか」をノートに整理します。**

なるほど。じゃあ、さっそくやってみようよ。こうやって会話をしていても、オオタさんはしっかりと考える力があるから、振り返りをきちんとすれば、質の高い仕事ができるようになると思うよ。何か困ったことがあったり、質問などがあれば、私に声をかけてね。

はい、ありがとうございます！　さっそく今日からやります。そして、もっといい仕事ができるように、資格試験にもチャレンジしていきたいです。

【ミニワーク 2−1】

ここまでの学びをもとに、あなた自身の「現在の仕事をふりかえる習慣」を作ってみましょう。いつ（どんなタイミングで）、どんな振り返りをしたらいいでしょうか？

3 「区別化」をすることで、楽に成長できる

さて、実はまだ質問が残っているんだけど、覚えているかな？

「②オオタさんはダメな人だから失敗するの？」

さっきまで、失敗はダメなことだと思っていて、失敗している自分はもちろんダメだって自分でも言っていましたね・・・。

でも、課長と話をしていて、「失敗から学ぶことができたら、それは大成功だ」ってわかりました。なので、失敗して成長しようとしている自分は決してダメではないと思います。

振り返りをしないのはダメでしょうけど・・・。

そうだね。オオタさんはダメな人じゃないんだ。これから話すことはとても重要だから、しっかりメモを取ってほしいんだけど、「区別化」という考え方を上手に使うといいんだ。

つまり、**ものごとをゴチャゴチャにしてまとめてとらえるのではなく、しっかりと区別することが大切**なんだよ。

では、何を区別化すればよいのかというと・・・、**「業務能力」と「人格」を分けて考え**

ることが大切なんだ。ここは重要な考え方だよ。**「仕事でミスをしていること」と「自分の人格」を一緒に考えてしまうと、自分が傷ついてしまう**よね。「ミスする自分はダメだ」って。でもね、まだ入社して3年目になったばかりの人なら、ミスは当然起こり得るんだ。

ミスは、経験不足や知識不足など業務能力が不足していることで起こる。もちろんこれは反省して「振り返り」をしっかりとして対策を打つことは必要だよね。勉強をしたり、先輩に聞いたりしたことをしっかりと記録して、同じ失敗を繰り返さないようにすることが求められているわけだね。これは当然やらなくちゃいけない。だけど、このこととオオタさんの人格は切り離して考えることが大切なんだ。

つまり、**仕事でミスが起きるからといって、オオタさん自身はダメな人間ではない！**ということなんだ。

そう考えることで、自分を傷つけることなく成長をすることができるんだよ。

たしかに、この考え方は大切ですね。私はいつも「業務能力＝人格」だって思っていたので、つらかったんです。

これからは、失敗やミスをしたときには、自分に結びつけるのではなく、対策をしっかり打つことに専念したいと思います！

そうだね。自分を責めないという考え方は、一見無責任に思えるかもしれないけれど、そうじゃないよね。ミスを起こさないための対策は「自分のこと」としてしっかりと打つわけだから。

ただ、自分の人格と結びつけて「失敗する自分はダメだ」などと思わないでほしいということなんだ。

【ミニワーク 2−2】

ここまでの学びをもとに、あなた自身の思考をふりかえってみましょう。

ミスや失敗が起きた時に、自分の人格を否定して落ちこんだりしていませんでしたか？

ふりかえって、気がついたことをメモしておきましょう

4 「2つの対策」をしっかりと考えよう

さて、今日はもう一つ大切な話をしようね。ものごとを本質的に考えることが大切なんだ。と言っても、いきなりは難しいと思うので、今日はここまで何回か出て来ている「対策」というものを使って考えてみよう。**「対策」には2種類あるんだ。**この考え方も知っておこうね。

2種類の対策ですか・・・。どんなものでしょうか。この2つもしっかりと「区別」して考えろ、ということなんでしょうか？

オオタさん、なかなかいいね。そのとおりなんだ。これから紹介する二つの対策は全く違うものなので、しっかりと区別して実施する必要があるんだ。

【2つの対策】

①暫定対策：トラブルや事故による被害をそこで食い止めるための対策

②再発防止対策：同類のトラブルや事故が再発しないように講じる対策

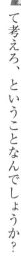

さて、この2つの対策はどう違うのかな？

ええー。さっぱりわからないです。もちろん、文字としての内容は理解できるのですが・・・。

では、事例で考えてみようか。そうすれば理解できると思うよ。

たとえば、**いま私たちのお客様から「大クレーム」の電話が入った**としようか。お客様は怒っているんだ。「対応が約束と違うじゃないか！　こっちは急いでいるんだよ！　今すぐ対処しろよ！　今の担当者は全然ダメじゃないか！　責任者を出せ！」・・・。

とにかくこのクレームを今すぐ何とかしないと、さらに大変なことになるわけだ。お客様にご迷惑をおかけしたことをお詫びして、クレームを受けたトラブル状況を回復しないといけないね。さて、これはどちらの対策かな？

これは、「トラブルや事故による被害をそこで食い止めるための対策」ですから、**「暫定対策」**ですよね。

そうだね。では、クレームを受けたトラブルが無事に解決して、お客様も納得してくれ

たとしよう。これで十分だと思う？　また、それはなぜ？

個人的にはこれで大丈夫だと思います。なぜなら、トラブルは解決したのですから。お客様は納得してくれたんですよね？

なるほど、ではもうひとつ質問するよ。今回のクレームは解決したけれど、**クレームが「再発する可能性」は、本当になくなったのかな？**

え？　たしかに、このクレームは解決しましたが、同じようなクレームは他のお客様でも起こるかもしれませんね・・・。

そのとおりだね。同じようなクレームは、再発する可能性があるんだ。なぜなら、**二度と同じことが起きないようにするための手を打っていない**からだね。

さて、対策の話に戻すと、もう一つの対策の「**再発防止対策**」とは、そういうことなんだ。ではオオタさん、先ほどのクレームが再発しないようにするには、どんなことができると思う？　今回の話は架空のクレームだから、想像できる範囲で考えてみよう。

クレームが再発しないようにするには・・・、身近なところで考えてみます。

たとえば、これは先日うちのグループであったことですけど、チームメンバーの連携不足でお客様の情報が伝わっていなかったんです。だから、「連絡漏れが起こらないような仕組みを作る」ことで再発防止になると思います。それから、「未熟なサービスを提供しているメンバーの教育を再徹底する」とか、「ケアレスミスが起きないようにチェックリストを作る」とか・・・。できることはいろいろあると思います。

つまり、**「今回のクレームの原因をしっかり探って対策を練る」**ことが大切ではないかと思います。

なかなかリアルでいいね。再発防止対策として、できることはいろいろあるよね。

さて、**この2つの対策には「時間差」がある**って気がついたかな？

あ！　そうですね！**「暫定対策」はその場ですぐに実施すべき対策で、「再発防止対策」は、目の前のトラブルや事故が落ち着いてから対応するもの**なんですね！

そのとおりだね。トラブルや事故の原因をしっかりと分析して、**ものごとの根本の部分に対する手を打つ**ことが大切で、これが**「本質的な問題解決」**につながるんだ。

だけど、私たちは忙しいので、とりあえず目の前のクレームが収まったところ（＝暫定対策）で満足してしまったり、あるいは「完全な満足」ではないけれど、忙しいのでこれで仕方がないと妥協してしまうんだ。「忙しくて無理だよ・・・」「それは仕方ないよな・・・」って思ってしまうんだね。

課長がおっしゃりたいことがわかりました！

つまり、私が**毎日振り返りをおこなうときも、その場でミスや失敗をリカバーする方法を考えるだけでなく、もっと根本の対策も考えるべきだ**・・・ということですね！

オオタさん、いいところに気づいたね。それが**「Ｃ」のＣｈｅｃｋ（確認）**であり、**「Ａ」のＡｃｔｉｏｎ（処置）**なんだ。

再発防止対策について考えるには、本質をしっかり見ることが大切だと言ったよね。つまり、**「なぜそのようなミスが起きたのだろう」**と、**根本的な原因を振り返る必要がある**

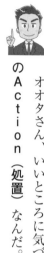

んだ。

だけど、このプロセスを手をぬかずに考えぬくことをしていると、いつの間にかオオタさんの**「思考力」も鍛えられる**はずだよ。もちろん、一人だけでは解決できない対策もあるかもしれないよね。そういうときには私や周りの先輩に相談してほしいんだ。

最初に話した、PDCAの「C」と「A」を意識して行動することが、いかに大切かわかってくれたかな。「本質をつかむ力」は重要なので、また日を改めて磨いていこうね。

ありがとうございます！

これから仕事の後には、必ず「C」と「A」も忘れずに振り返りをしていきたいと思います。

【ミニワーク 2−3】

ここまでの学びをもとに、あなた自身の日頃の対策をふりかえってみましょう。

「暫定対策」と「再発防止対策」の両方をしっかりと考えて実行していますか？

ふりかえって、気がついたこと（うまくいっていること、いっていないこと、今後気をつけたいことなど）をメモしておきましょう。

2日目のまとめ

□ 実感の伴う学びは、その後のさらなる行動につながる。だからこそ、まずは「やってみる」ことが大切だ。

□ 失敗は、とても価値があるものだ。なぜなら、失敗から学ぶことができれば、その失敗が糧となって、さらに前に進むことができるからだ。結果的に、その失敗は大成功になる。

□ 失敗から学ぶためには、失敗を反省することが大切だ。そのためにも、PDCAサイクルをしっかりと回そう。PDCAのCとAがおろそかだと、次の仕事の質が低くなってしまう。

□ 成果の確認をしたときに、「何がうまくいって、何がうまくいかなかったか」を謙虚に振り返ることが重要である。その際に、「うまくいったこと」は自分の強みとして繰り返しできるようにし、「成功パターン」を作ろう。また、「うまくいかなかったこと」は原因をしっかり探ることで、次回のパフォーマンス（行動の質）を改善しよう。

□ 努力せずにセンスだけで仕事ができるのは、入社して数年ぐらいで、その後は伸び悩んでしまう。地道に振り返りをして努力をしている人に、いつか抜かされてしまう。

□ 自分の成長課題に気がついたときがチャンスだ。自分の伸びしろを開花させていくタイミングだと思おう。

□ 「質の高い仕事」を目指そう。そのほうが精神衛生上も良いし、結果として、時短にもつなげることができる。

□ ものごとをゴチャゴチャにしてまとめてとらえるのではなく、しっかりと「区別化」して考える力はとても重要だ。特に、失敗をしたときに、「業務能力」と「人格」を分けて考えよう。「仕事でミスをしていること」と「自分の人格」を一緒に考えてしまうと、自分を傷つけてしまう。

□ 「2つの対策」の考え方をしっかりと知っておこう。「暫定対策」は、トラブルや事故による被害をそこで食い止めるための対策であり、「再発防止対策」は、同類のトラブルや事故が再発しないように講じる対策のことをいう。

□ 「暫定対策」はその場ですぐに実施すべき対策で、「再発防止対策」は、目の前のトラブルや事故が落ち着いてから対応するもの。どちらも重要だが、「暫定対策」が完了したところで満足してしまい、「再発防止対策」がおろそかになりがちである。

□ だからこそ、毎日の振り返りをおこなうときも、その場でミスや失敗をリカバーする方法を考える（暫定対策）だけでなく、もっと根本の対策（再発防止対策）も考えよう。

□ このような振り返りを習慣にしていこう。気が付けば「思考力」も鍛えられていく。

3日目

問題意識を高めて、受け身の仕事から卒業しよう

1 「問題意識」とは、何だろう

（部下）

課長、最近自分のノートの質と量が高まってきて、改めて読み返す機会が増えました！それで、一番最初の入社時のメモ（P35）を見ていたら、ふと思ったことがありまして・・・。人事部長の話のメモに**「問題意識を高める」**って書いてあるんですが、「問題意識ってどうやって高めるんだろう」、そして「そもそも問題意識って何だろう」という二つの疑問がふつふつとわいてきてしまって、悩んでいるんです。

（上司）

なるほど、「問題意識」についての問題意識が高まってきたんだね！　これはオオタさんにとってもとても重要なテーマだと思うので、一緒に考えてみようか。

まずは二つ目の疑問から考えたほうがいいかもしれないね。**「そもそも問題意識とは何？」**という疑問に、オオタさんならどう答えたらいいと思う？

はい。私もいろいろと考えてみたんですが、なんかあまりしっくりこないんですよね。今のところ、自分の答えとして「問題意識とは、物事に対して主観的で、目的意識がある状態」なのではないかと思うんです。

注4）出典：精選版 日本国語大辞典の解説より

なかなかいいところを捉えているんじゃないかな。

問題意識とは、辞書的な意味では「ある現象、ある事態に対して、主体的にかかわりあうような心の持ち方、心的態度。また、その内容」と言われているんだ（注4）。そう考えると、オオタさんの言う「主観的で、目的意識がある状態」というのと辞書の「主体的にかかわりあう心の持ち方、心的態度」は近いんじゃないかな。

そのことをふまえて、私は企業の中で問題意識と言われたら、**自分の仕事やその周りのことを「自分ごととしてとらえること」**ではないかなと感じているんだけどな。ちなみに、「自分ごと」の逆の意味は、「ひとごと」だというとわかりやすいかな。

たしかにそうですね。**「ひとごと」だと、職場や業務に対して文句ばかり言う**ことになりますよね。

「会社が悪い」「○○さんが悪い」「不景気なのが悪い」・・・。そういう人は、前向きな提案なんかしないですものね。「いい仕事をしよう」とか、「もっと改善しよう」なんて思わないです。うまくいっていない状況は何となくわかっているんだけれど、給料さえもらえれば、他のことはどうでもいいと思うんですよね（苦笑）。

実は、前の課長の時の自分もそんな感じだったので、よくわかります。

スギナミ課長と出会ってからですよ。主体的にものごとを考えるようになったのは・・・。

不平不満を言っているだけでは前に進まないよね。

「ひとごと」にしていた自分と「自分ごと」としてものごとを捉えている自分は、どう違うのかな？

周りの環境を見る目が変わったんです。スギナミ課長は、**厳しいことも言ってくれますけど、私の人格や意見を絶対に否定しない**ですよね。だから、仕事を前向きに考えられるようになって、「もっといい仕事をしたいな」と思えるようになったんです。そうすると、職場や業務の改善点とかも見えるようになったんですよね。

なるほど、**前向きに考えることで、職場や業務に対する問題意識が生まれる**ようになったんだね。

そうです！　**愚痴を言っているときは自分で解決をするつもりがないので、不平不満で終わってしまう**んですが、自分ごとにすることで、「問題解決」をしようと思うんです。この差は大きいなと思いました。これが課長のおっしゃった「問題意識」の始まりなのだ

と思います。

そのとおりだね。オオタさんを見ていると、自分の職場や業務を良くしようと思って周りをよく見ているように感じるよ。だから、改善提案も多く提出しているよね。

さて、そうやって考えてみると、オオタさんが最初に言った疑問点の「**問題意識ってどうやって高めるんだろう**」の答えはオオタさん自身が持っているんじゃないかな。

2 日頃の「問題意識」を高めるためにできること

ありがとうございます！　たしかに私自身、以前と比べるとはるかに問題意識が高まってきています。そのプロセスを考えればいいんですね。

まず一つ目は、先ほどからの話に出てきている「仕事を自分ごととしてとらえること」だと思います。「上司や先輩が言うからやる」だと主体的に取り組めませんよね。**任された仕事でベストを尽くそうと思う**ことが大切じゃないかと思います。

そうだね。でも、昔のオオタさんみたいに、ただ「給料がもらえればいいや」と思う人

もいるよね。

はい、以前はまさにそうでした。改善してもしなくても給料はもらえるわけで、しかも改善案を出すと「じゃあお前がやれよ」と言われて、余計な仕事が増えちゃうんですよ。改善案に反対する人もいたりすると、説得も面倒だし・・・。そこまで頑張る意義が見つからないですよね。そう思っているうちは、前向きな意見なんか出せないです。

私が変わったのは、何を言っても課長が私を受け入れてくれて、チームとして対応を考えてくれたからです。

なるほど。私は**意見が違うことは素晴らしいこと**だと思っているので、**他人のことを否定しない**からね。

でもね、**「課長が受け入れてくれるから」という理由だと、「上司次第で仕事への前向きさが変わる」と言うように聞こえる**けれど、実際のところはどうなんだろか。

言われてみれば、たしかに「上司がどんな人であれ、自分はいい仕事をする」とポジティブな意味で言えるほうがいいですね・・・。

そのためにも、「自分ごと化」することって大切なんだと思います。

そういえば、私の大学の先輩が会社から独立して一人で事業をやっているんですけど、ちょうど先週飲みに誘われて話を聞いたんです。うまくいった話や苦労した話など、いろいろと教えてくれました。

個人で事業をしている人って、ちょっと失敗をすると、それは全部自分の結果として跳ね返ってくるんですよね。質の低い仕事をすると、次がない・・・みたいな。でも、厳しい環境だけど、やりがいがあって楽しいって言ってました。それを聞いて、ある程度規模の大きな企業にいる自分は恵まれているなぁって思いました。先日ご相談した時みたいに、ミスをしても自分の仕事がなくなるわけじゃないですし。

だから、大きな組織の中にいると見えなくなっちゃうんですけど、**自分が事業主のつもりで目の前の仕事に取り組む**ことは重要だと思ったんです。

それはとても価値のある学びだね。それなりに大きな組織の中にいると、次第に流されるようになってしまうよね。それで満足している人もたくさんいるし。だから、今からそういう意識を持って仕事をすることはとても大切だと思うよ。私もオオタさんも、これから一生この会社にいるかどうかはわからないけれど、どこにいてもこの意識は忘れないようにしたいよね。

【ミニワーク 3－1】

ここまでの学びをもとに、あなた自身の最近の仕事への取組みなど（自分ごと化しているか、自営業者のつもりになったときにどう感じるか、など）を自由に考えてみましょう。感じたことを書きだしてみましょう。

ところで、「問題意識」を高めるためにできることは、ほかにもあると思うけれど、何か思いつくことはあるかな？

自分の周りをキョロキョロしてみることでしょうか。意識して周囲を観ることは、問題意識とつながっているような気がしますが・・・。

確かにそうだね。問題意識がないと漠然と周囲を観ることになってしまうかもしれないけれど、周囲を意識して観ているうちに様々なことに気づくようになるかもしれないしね。どちらもあるかもしれないね。

でも、このアプローチはとても大切で、先ほどの「自分ごと化」にもつなげることができると思っているんだよね。オオタさんは「自分の周り」って言ったけれど、もう少し範囲を広げて

■「世の中」と「職場」はつながっている

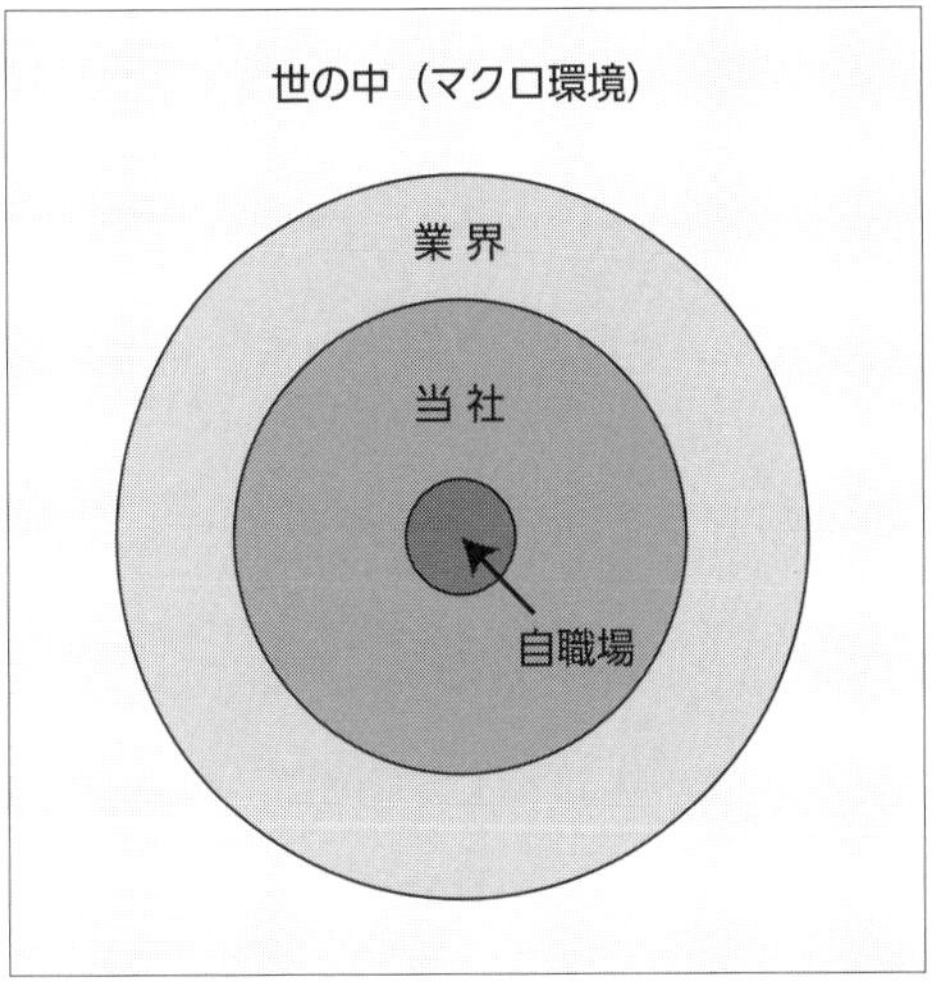

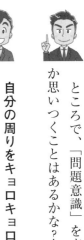

みることも大切だと思うよ。

なぜなら、私たちの**職場**は、**会社**の経営方針の中で日々稼働しているよね。そして会社は**業界**の動きの中で活動しているわけだ。そして業界は、**世の中（マクロ環境）**の動きに左右される。つまりね、**全部つながっている**んだ。

だから、オオタさんも会社の動向とか、業界で何が起きているのかとか、世の中ではどんな動きがあるのかなどを意識して観ておくといいと思うよ。

言われてみれば、そうですね。**同じ職場に長くいると、いつの間にか自分の身の周りの世界がすべてになってしまいがち**ですからね。それに、世の中のことなんか知らなくても、仕事はできると思っちゃいます。

そうなんだ。これが**マンネリ**という状態なんだ。だからね、職場をキョロキョロするだけじゃなくて、世の中や業界にも目を向けてみようよ。

【ミニワーク 3−2】

　ここまでの学びをもとに、次にあげるそれぞれの動向（何が起きているか、何が重要なキーワードかなど）を考えてみましょう。そして、それぞれの5年後についても想像してみましょう。考えた内容をもとに、職場の周囲の人とディスカッションしてみましょう。
①世の中（＝マクロ環境）　②自分の業界
③自分の会社（もしくは自治体）　④自分の職場

【現在】

【5年後】

注5）参考図書：『新版“思考停止人生”から卒業するための個人授業』
潮田、滋彦・著（ごま書房新社）

3 世の中の動きを「自分ごと化」して、見識を高めるための5ステップ

さて、「世の中の動き」といっても、ちょっと遠いなぁ・・・と感じるかもしれないよね。そうすると「ひとごと」で終わってしまうので、こんな流れ（ステップ）で考えるといいんじゃないかな。先ほどのミニワークともつながっている内容なんだ。

きっとオオタさんの役に立つと思うよ。

①世の中の動向に気を配る

ニュースなどで言われていることや自分たちの周りで話題になっている世の中の動向に意識を向けてみよう。そうすると、世の中で何が起きているのかがわかるようになるよね。ただ、気をつけなければいけないのは、**「新聞やテレビやネットの情報がすべて正しい」などと信じ込まない**こと。発信者の主張を通すために、学説やデータの一部だけを都合よく抜き出しているものもあるからね。複数の情報ソースを当たってみたり、データの出どころを探ってみることも大切なことだと思うよ（注5）。

■世の中のできごとを「自分ごと化」し、「見識」を高めていくための5ステップ

①世の中の動向に気を配る ②人に説明できるように理解する	それは何なのか？
③それが自分（仕事・生活・人生）にどう影響するかを考える ④自分の意見を持つ	だから何なのか？
⑤必要な行動（準備・対処）をする	それでどうするのか？

②人に説明できるように理解する

世の中のことをただ意識するのではなくて、それを「説明できるレベルにする」ことも重要だね。なぜなら、**人にきちんと説明できないということは、結局、そのことをよくわかっていないから**なんだ。

この2つのステップを簡単にまとめると、世の中の動向について**「それは何なのか？」**としっかりととらえることだと言えるんじゃないかな。

③それが自分（仕事・生活・人生）にどう影響するかを考える

世の中の動向が「自分の仕事や生活、さらには人生にどう影響を及ぼすのだろう」と考えることで、次第に自分とつながるリアルなものになっていくんだ。

たとえば、「少子高齢化」や「働き方改革」といったことが、自分たちの仕事や生活にどう影響してくるかを考えたことはあるかな？　意外とあるようでない

よね。だから「ひとごと」になっちゃうんだ。

④自分の意見を持つ

自分とのつながりを考えたら、自分なりの意見を持ってみよう。「だから私は○○に反対だ！」とか、「これから△△が重要になるから、そのために□□の準備をしたほうがいい」などと、自分なりの見解をしっかりと持とう。

ここでは、決して**他人の意見に惑わされないで、自分で考えること**が大切だよ。「○○さんが言ってるから・・・」「△△の記事で書かれている見方だから・・・」では思考停止になってしまうよ。

③と④のステップをまとめると、「**だから何なのか？**」を考えることが重要なんだね。

⑤必要な行動（準備・対処）をする

これは④の実践だね。思っただけで実行しなければ、何も変わらないから。

世の中から職場までは、つながっているはずだから、それをふまえて自分の行動につなげていけるといいよね。

ここでのポイントは「**それでどうするのか？**」を具体的に考えて実行することなんだ。

すごくよくわかりました！　ただ漠然と世の中を眺めていても仕方がないということですね。「自分ごと化」して、行動に結びつけることが重要なんですね。

そうなんだ、オオタさんもワークとして考えてみようよ。

【ミニワーク 3－3】

ここまでの学びをもとに、先ほどのミニワーク（P91～92）で考えた内容をあらためて「自分ごと化」して考えてみましょう。実施して感じたことを書きだしてみましょう。

4 「問題」の定義から考えてみよう

「問題」を考えるうえで、もう一つ役に立つ考え方があるんだ。
それは、**「問題」という言葉の定義から考えるアプローチ**なんだ。

「問題」の定義ですか。「うまくいっていないこと」じゃないんですか？

たしかに、そういう考え方もあるよね。「問題」という言葉は一般的なので、さまざまな定義が存在しているんだけど、その中でもっとも有名なものを紹介すると、**問題とは、「現状とあるべき姿とのズレ」**のことを言うんだ。

「現状とあるべき姿とのズレ」ですか。
どういうことなんでしょうね。まだちょっとピンとこないです。

そうかもしれないね。では、簡単な質問で考えてみようか。オオタさんは、今の職場の状態って、ベストだと思う？

■「問題」とは

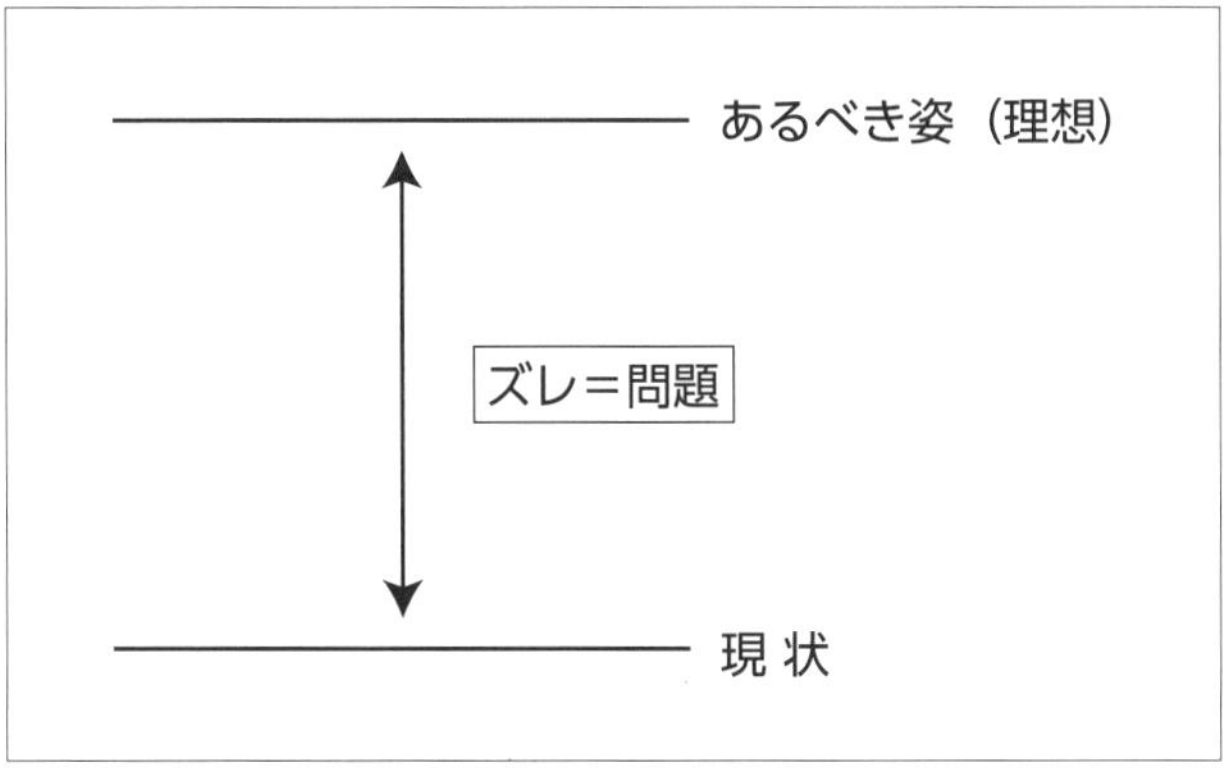

いえいえ。全然、理想の状態じゃないと思います。

ベストだといえる状態になるには、もっとチームワークを良くするとか、各自のスキルを上げるとか、まだまだ解決しなければならないことがたくさんあるような気がしますね・・・。

あぁ、そういうことなんですね！ よくわかりました。

「現状」を「理想の状態」と比べてみると、うまくいっていないことが浮かび上がってくるんですね。

そうなんだ！ いま、オオタさんは自然と自分なりの理想の職場のイメージを作っていたよね。

「あるべき姿」というと難しく思う人も

いるかもしれないけれど、**「どういう状態が理想なんだろう」**とか**「どうなったらいいのかな」ととらえてみる**と考えやすいよね。

せっかくだから、あとでオオタさんの理想の職場のイメージを教えてほしいな。

わかりました！　ぜひお願いします！
このアプローチで考えると、様々な改善点が見つかると思いますし、**自分の成長が伸び悩んでいるときにも使える**と思いました。
私が過去に伸び悩んでいたときは、「まぁ、こんなもので充分だろう」なんて考えていたんです。でも、**「どうなると理想なんだろう」って考えることで、もっと上のレベルに行くことができる**んですね！

まさにそうだね！　なかなか鋭いところに気づいたね。
このプロセスで考えていく・・・まさにこれが**「問題解決」**なんだね！

【ミニワーク 3−4】

ここまでの学びをもとに、①あなたの業務　②あなたの職場　③あなた自身の成長　をテーマに、「理想像（あるべき姿）」について考えてみましょう。

その後、「現状とのズレ」を埋めるために、何ができるか（具体策・解決策）を考えてみましょう。

最後に、実施して思いついたことや感じたことを書きだしてみましょう。

さて、こうやって「現状と理想（あるべき姿）」とのズレを考える時に、一つ気をつけてほしいことがあるんだ。

たとえば、オオタさんが「現在の自分の状態」から「理想の自分」を目指すために、いろいろ対策を検討している場面を想像してみようか。その時って、どんなアイディアが出てくると思う？

そうですね・・・。自分の専門性を高めるために、専門書で勉強したり、資格試験にチャレンジしたり、自分の業務ノートの質を高めたり・・・、いろいろと思うことはあります。

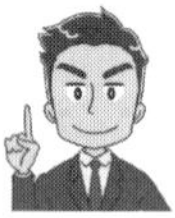

なるほど、そうだよね。こうやって考えているときに、「他の人に協力してほしいこと」はあるかな？

う～ん、あんまりないですね。まぁ、たとえば「先輩や上司から、気づいた点をドンドン指摘してほしい」とは思いますけど・・・。

うんうん。ではもう一つ質問するよ。

オオタさんが「自分が担当する業務」や「自分が所属する職場」について同じように考

えた時、どうかな？

スギナミ課長の質問の観点で言うと、自分一人では解決できないことが増えてきますよね。だから、「まだ3年目の自分にできることって、あまりないのではないか」と感じます。

そうだね、そこがポイントなんだ！　**人は、自分だけで解決できないアイディアが出てきたときに、簡単にあきらめてしまう**んだ。それはなぜかというと、その**問題意識が「自分ごと化」されていない**からなんだね。「自分ごと」と「ひとごと」については、もうすでに考えてきたよね。

確かに言われてみれば、そうですね。職場や業務は、自分一人のことではなくなってくるので、「自分にできることなどない」「自分だけではどうしようもない」と思ってしまいがちですよね。つい「ひとごと」になってしまいます。

うん。でも、本当はそうじゃないよね。**「自分には無理だから」とあきらめてほしくないんだ。**これは重要な話だから、改めて別の機会に考えてみようね。

【ミニワーク 3−5】

ここまでの学びをもとに、「自分が担当する業務」や「自分が所属する職場」に関する問題解決について、感じたことを書きだしてみましょう。

「ひとごと」として、あきらめていませんでしたか？

3日目のまとめ

□ 「問題意識」とは、自分の仕事やその周りのことを自分ごととしてとらえること。「ひとごと」ではなく、「自分のこと」としてものごとを捉えることが重要だ。
「ひとごと」で考えてしまうと、不平不満ばかりになってしまい、前に進まなくなってしまう。「任された仕事でベストを尽くそう」と向きに考えることで、職場や業務に対する問題意識が生まれるようになる。

□ そのためにも、自分がその仕事の事業主になったつもりで、目の前の仕事に取り組むことが重要だ。

□ 問題意識をたかめるためにも、自分の身近な周囲だけでなく、世の中や業界にも目を向けてみよう。なぜなら、我々の職場は「会社」とつながっており、「会社」は「業界」の中で生きている。そして「業界」は「世の中（マクロ環境）」の動きに左右されるからだ。

□ 同じ職場に長くいると、いつの間にか自分の身の周りの世界がすべてになってしまいがちだ。これが「マンネリ状態」である。

□ 世の中の動きを「自分ごと化」して、見識を高めるために、この5ステップで考えてみよう。
①世の中の動向に気を配る
②人に説明できるように理解する
③それが自分（仕事・生活・人生）にどう影響するかを考える
④自分の意見を持つ
⑤必要な行動（準備・対処）をする

□ 世の中（マクロ環境）の動向をみる際には、「新聞やテレビやネットの情報がすべて正しい」などと信じ込まないことが重要である。見聞きした情報について、他人に説明できるレベルにしよう。それができないということは、そのことをよくわかっていないから起こる。世の中の動向について「それは何なのか？」と考えてみよう。

□ 自分の意見をしっかりと持つようにしよう。他人の意見に惑わされないで、自分で考えることが大切。世の中の動向を「自分ごと」としてとらえ、「だから何なのか？」を考えるようにしよう。

□ そして、「それでどうするのか？」を具体的に考え、現実の自分の行動につなげることで、世の中の動向が自分にとっての価値になっていく。

□ 問題とは、「現状とあるべき姿とのズレ」のことを言う。「現状」を「理想の状態」と比べてみると、うまくいっていないことが浮かび上がってくる。
だからこそ、「どういう状態が理想なんだろう」とか「どうなったらいいのかな」ととらえてみると、問題が明確になる。

□ このアプローチは、自分の成長が伸び悩んでいるときにも活用できる。
「どうなると理想なんだろう」と考えることで、さらに上のレベルを目指すことができるようになる。

□ 人は、自分だけで解決できないアイディアが出てきたときに、その問題意識が「自分ごと化」されていないと、簡単にあきらめてしまいがちだ。「自分には無理だから」と「ひとごと」で考えないことが大切。

4日目

本質を
しっかりとらえて、
思考を深くしよう

1 「自分の当たり前」は、「他人の当たり前」ではない！

（上司）

前回のミーティング以降、何か行動したことはあるかな？

（部下）

はい。メモはすっかり習慣になった気がします。そして、いろいろなものに興味を持って、身の回りや世の中をキョロキョロするようにしています。慣れてくると、とっても面白いですね！

きちんと続けているんだね。「とっても面白い」って言ってたけれど、それが大事なことなんだ。こういうのは、**楽しんでやるのが一番**なんだよね。苦にならずに続けることができるからね。

ありがとうございます。そう考えてみると、**まさに仕事も同じ**かもしれませんね！　まさに、いい仕事をすることを楽しんだほうがメンタル的にもいいんじゃないかなと思いました。

そうだね。オオタさんは、いま**本質をつかんだ発言**をしたってわかる？

「楽しんでやること」が仕事でも大切だって言ったところですね。

そうか、**あることが他の場面でも活かせるとか、共通していることや普遍的なところに目を向けること**が大切なんですね！

そうなんだ。そうやって**ものごとの根本を見て他のものごとに応用する力**は、絶対に身につけておいたほうが役に立つと思うよ。

さて、今日は一つとても重要な話をするね。それは、**「自分の当たり前」**は、**「他人の当たり前」ではない**ということなんだ。まさに、「そんなの当たり前じゃないか！」って思うかもしれないけれど、でも実はとても深い内容で、これは**人のコミュニケーションにおける本質的なポイント**じゃないかって思うんだ。

たしかに、「そんなの当たり前」ですよね。「自分の当たり前」と「他人の当たり前」は全然違いますからね。

でも、考えてみれば、意外と私たちって、そういうことを意識しないでコミュニケーションを取っているような・・・。

そうなんだ！　実は、私たちはほとんどの場合、**無意識に「自分の当たり前」で他人とコミュニケーションを取っている**んだ。しかも、そのことに気がついていない。

たとえば、私が最初に異動したての頃のミーティングで、メモの話をしたよね。「話すスピード」と「書くスピード」は全然違うっていう話なんだけれど・・・（P41）。

覚えています。だから、3時間以内にメモの見直しをして、単語に補足を書くことを今も実践しています！

うん。オオタさんがメモをしっかりと取るようになって、仕事の質が向上して、ミスが減ってきていることはすごく感じているよ。

ところで、先ほどの「話すスピード」と「書くスピード」は全然違うということなんだけれど、実は**伝える側の人で、聴き手のことをきちんと考えている人はとても少ない**よね。

つまり、多くの人が「自分の当たり前」にハマっているんだよ。

社内の人でも社外の人でも、「相手が正確にこちらの言うことが理解できているか」とか、「相手がしっかりと記録できているか」とか「相手が話についてこれているか」とか、そもそも「相手がどの程度この話に関する知識を持っているのか」とかを構わずに、自分

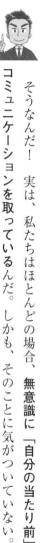

のペースで勝手に話す人が多いよね。

だからコミュニケーションがうまくいかないんだ。

たしかにそうですね。**一方的なペースで伝えられてしまうと、こちらは勝手に解釈したり、メモを取ることをあきらめてしまったりする**んですよね。

そのとおりなんだ！　だから、前提として「自分の当たり前」と「他人の当たり前」は違うということが重要なんだ。これがわかっていれば、相手のことを意識して情報を伝えようとするよね。そして**情報を受け取る側も、「自分の勝手な解釈で情報を受け取っていないか」を確認する必要がある**んだ。「いまのは○○ということでよろしいですか？」とか。

まぁ、伝える側のほうが責任が大きいと思うけれど。

そうですね。「自分の当たり前」にハマっていないかを意識すると、**お客様や他部門に対する説明の仕方**も変わりそうですね！　話すペースだけでなく、「ここまでの内容は大丈夫ですか？」という確認も大切ですね。情報を受け取る側になったときも、しっかりと理解が正しいかどうかを確認します！

【ミニワーク 4－1】

ここまでの学びをもとに、あなた自身の日々のコミュニケーションを考えてみましょう。「自分の当たり前」にはまっていませんか？
①振り返って気づいたことを書きだしてみましょう。
②これから数日間、自分のコミュニケーションを見つめてみましょう。

2 「本質」をつかむ力を身につけよう

いま思ったんですが、この考え方は**後輩指導でも役立つ**ような気がしますね。入ってきたばかりの新人たちは、私たちが「当たり前」だと思うような基礎知識や仕事のコツなどを何も知らないわけですから、そういう知識や経験がないという前提で、丁寧に教えてあげなければいけませんよね。

いいね。うまく本質の部分を掴めるようになってきているね。

本人が「自分の当たり前」にハマって言葉足らずの後輩指導をしているのにもかかわらず、「なんでそんな簡単なことができないんだ！」とか「理解できないのはお前の適性がないからだ！」などと怒っている先輩ってたくさんいるよね。**本当は自分の「指導力不足」を反省しないといけない**のに。そして、そのことを指摘できないマネージャーも現実にはとても多いように思うな。そして結果として、優秀な若手社員がやめていってしまう。

さて、質問だけど、「自分の当たり前は、他人の当たり前ではない」という考え方は、会話だけに当てはまるんだろうか。

あ！　メールなどの文章でも同じことが言えますね！

特に**相手の反応が見えない文章などでは、言葉が足りないと知らないところで誤解が生まれる**ことが多いですものね。

たしかに、先ほどのスギナミ課長の言葉を表面的にとらえてしまえば、「会話をするときに気をつけよう」という話で終わってしまいますよね。でも、**もっと深いレベルで「この学びは他の場面でも活用できないか」と考えることで、より根っこの部分を理解することができるんですね！**

そうなんだ。表面的にとらえてしまうか、本質を見ることができるか、この差は大きいと思わないかい？　これは人生のレベルで考えると、本当に大きな違いになるんだ。

世の中には、表面的な意見をＳＮＳなどでつぶやいている人がいるけれど、そういう人は他人から「考えが浅いなぁ」「考える力がないんだな」と思われてしまうんだ。直接指摘してくれる人は少ないかもしれないけどね。有名な立場の人であっても、よく見かけるよね。著名であるがゆえに、表面的な浅い意見を広めることは有害だと思うよ。

だからこそ、先日も言ったけれど、**「先輩の〇〇さんが言っているから」「有名人の推薦だから」「評論家の意見だから」・・・といった状況に騙されてはいけないんだ**。それよりも**本質をとらえて、「本当にこれは正しいことなのか」「単なる一面だけを見ている意見ではないか」を判断する**ことが大事なんだね。

これは本当によくわかります。よく考えの浅い意見をＳＮＳやテレビなどのメディアで流して炎上している人っていますよね。あるいは逆に、本質的なことを言っているのに、表面的にとらえる受け手が炎上させてしまうケースもありますね。どちらにしても、残念なのは、表面的な部分にとらわれてしまう人が出ることです。

「本質」がわかるようになると、とても残念に感じるよね。オオタさんはもう、世の中のニュースに関心を持ってみているだろうけれど、そのときに**「これは本当は何を言っているんだろう」「ここから学べる普遍的な学びは何だろう」と考えてみる**といいよ。そうすることで、たとえば**芸能ニュースなどからでも自分の学びを得ることができる**ようになるんだ。

「本質」をつかむために役に立つ質問

・要は、どういうことなんだろう?
・根本には、何があるんだろう?
・普遍的な学びとして言えることは何だろう?
・何が解決すれば、うまくいくんだろう?
・様々なものごとに共通していることは何だろう?

…など

そして、ずっと話してきているけれど、**会話でも文章でも、情報を発信するときは「誰がいつ受け取っても誤解なく理解できる」ように伝えること**を心がけようね。なぜなら、自分と他人の当たり前は違うから。できるだけ言葉を補いながら、丁寧に伝えることが大切なんだ。

そして、相手の言うことも、**「相手が伝えたいこと」と「こちらが理解したこと」が合っているかどうかをきちんと確認する**ことが重要だね。

【ミニワーク 4－2】

ここまでの学びをもとに、「本質」をつかむ練習をしてみましょう。

①このセッションを振り返って気づいたことを書きだしてみましょう。

②これから数日間、自分の身の回りや世の中で起きていることに関して「要はどういうことなのだろう」「ここから学べる普遍的な学びは何だろう」と考えてみましょう。

ところで、最初の面談のときにオオタさんは「自分なりに、この2年間はベストを尽くしてきた。1年目は高く評価してもらったけれど、2年目も頑張ったが評価されなかった」（P22）と言っていたね。覚えてるかな？

はい。ずっとそう思ってきましたから、もちろん覚えています。

このことを、ここまでずっと学んできたことに照らして、振り返ってみようか。

はい・・・。スギナミ課長とのミーティングに参加していて、**「自分の当たり前」という観点で考えると、「自分が頑張った」というのは、あくまで自分の基準なのかもしれないな**、と思いました。

正直、全然足りなかったですし、意欲がカラ回りしていたのが今ではわかります。

なるほど。ここで重要なのは、**「私たちの仕事の評価は他者がする」**ということなんだ。

ここで言う他者とは、上司や、時にはお客様や他部門かもしれない。

例えば接客業で、**自分がどんなに素晴らしいサービスを提供したと思っても、お客様がそう思わなかったら、それはいいサービスじゃない**よね。

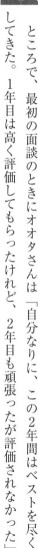

たしかにそうですね。2年目はアラカワ課長への反発心が先に立ってしまって、ほとんどコミュニケーションをあきらめてしまっていました。アラカワ課長との1on1ミーティングは、ほとんど逃げ回っていましたから。課長からすれば、必要なコミュニケーションもしない奴は評価できないですよね・・・。

今思えば、もっとしっかり自分の言いたいことを伝えればよかったかもしれません。でも、当時はそんなスキルもなかったですし、感情的になってしまって、そんなこと思いつきもしなかったんです。

そうなんだね。私はアラカワ課長本人じゃないから、実際のところはわからないけれど、相手のことを考えて仕事をすることは大切だよね。そうしないと、**「独りよがりの仕事」**になってしまう。

決して上司やお客様に媚《こび》を売れ・・・という話じゃないよ。

相手が求めていることを正しくつかんで、それにキッチリ応えることが重要だということなんだ。だから**「本質」を掴む力が重要だし、「自分の当たり前」にハマらないことが求められる**んだ。

もうオオタさんは、かなりこの力が身についてきているよね。

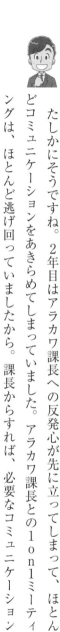

こういう話は、初対面の時にするよりも、お互いに信頼関係ができて、様々な学びを得てからのほうが理解できると思ったので、日を改めたんだ。

はい。あらためて「自分は何を期待されているのか」という基本に戻ることって重要ですね。そうしないと、独りよがりになってしまうんですね。

今度アラカワ課長に会ったら、飲みにでも連れて行ってもらおうと思います！　今の自分の思いをきちんと伝えたいです。

【ミニワーク 4−3】

ここまでの学びをもとに、「私たちの仕事の評価は他者がする」ということについて自由にふりかえってみましょう。他者目線を持っていましたか？　気づいたこと（うまくいっていること、いっていないこと、今後気をつけたいことなど）を書きだしてみましょう。また、数日間この課題を意識して過ごしてみましょう。

3 指示されたことを、そのままやっていいの？

そういえば今朝、隣の課でちょっとした騒ぎが起きていたね。

はい。みんなの前で、新人のネリマさんが上司から叱られていましたね。上司に「何やってるんだよ！　そんなことを頼んだつもりじゃないんだけどな」って言われていました。ネリマさんは入社してから毎日、一生懸命仕事を頑張っているように見えるんですけど、なんか要領が悪くてかわいそうだなと思いました。

そうだね。せっかく懸命に努力して頑張っているのに、それが報われないのはつらいことだね。

はい。自分なりにしっかりと仕事をしたつもりなのに評価されない・・・。何が原因なんでしょうね。先ほどの他者目線を持つということが重要なんでしょうか。

そこなんだ。ネリマさんは頑張っているけれど、同時に大きな課題もあるんじゃないかっ

て、今朝見ていて思ったよ。なので、ここから学べることを考えてみようよ。

もちろん、上司の対応もベストだとは思わないけどね。**「人前で叱らない」**ことと**「上司として、自分の指示の仕方にも問題はなかったかを反省する」**ことは**大切**だと思うけれど、ここではオオタさんと立場が近いネリマさんにフォーカスを当てて考えてみようね。上司の対応のまずさに関しては、私から本人にあとで個人的に伝えておくことにするから。

さて、「頑張って仕事をした。でも、上司からそうじゃないって言われた」状況で、何が問題だったのだと思う？　ネリマさんになったつもりで考えてみようか。

そうですね・・・。途中で相談に行くのが良かったんじゃないんでしょうか。「こんな感じで進めていますが、大丈夫ですか？」って。そうすれば、最後の最後でやり直しになるリスクを減らせると思います。

あ！　もっと早い段階で、確認すればよかったのかもしれないですね。**仕事の指示をもらったときに、どんな成果を作ればいいのかのイメージを確認する**とか。

オオタさん、すごくいいね！　**仕事の「ゴールイメージ」を共有する**ことってとても重要なんだ。

でも、多くの場合、「○○をやっておいて」と指示を受けたら、「はいわかりました」と、そのまま鵜呑みにして帰ってきてしまうよね。

言われてみればそうですね。ゴールイメージを確認することの重要性は、もちろん私も頭ではわかっていましたけど、現実に自分から確認しているかというと、そんなことなかったです。まぁ、スギナミ課長はきちんとゴールを説明してくれますけど。

隣の課を見ていると、いつも上司もメンバーもみんなバタバタしていますから、指示を受けたら「言われたことをそのままやる」感じになりがちなのかもしれませんね。

そうだね。**「言われたことをそのままやる」**ことの危険性はあらためてわかったよね。結果として、今朝みたいに**「こんなつもりじゃなかった」というような事態が起こってしまう。**

だからこそ、どんなに忙しい状態でも、**仕事の指示が来たときに、「何がどのようになればゴールなのか」「どういうアウトプットを望んでいるのか」をきちんと指示する人に確認すること**が大切なんだ。

そのときに、**相手が描いているイメージとこちらが思い描いたイメージが一致することが重要**なんだね。「自分の当たり前」でとらえていないかを確認しよう。

はい。質問をして確認することって、重要だなと改めて認識しました！　最後の段階でやり直しになってしまうのは、自分にとっても職場にとっても大きなマイナスですからね。

まさにそのとおりなんだ。リスクが大きすぎるよね。

さらには、**「何のためにそれをするのか」という、仕事の目的を確認することが大切**なんだ。「目的から行動する」ことの重要性は最初のミーティングで伝えたよね。

この確認をすることで、相手がなぜその状態を作りたいと思っているかが理解できるので、**質の高い仕事**ができるようになるんだ。

目的もわからず、漠然と仕事をするのは、「作業」なんだ。「作業」としてやっていると、モチベーションがなかなか上がらないよね。「自分は何のためにこれをやっているのか」が実はわかっていないのだから。

全ての仕事は、会社の方針・部門の方針から降りてきているはずなんだけれど、そこをわかっていないと、**仕事のやりがいも得られない**からね。**自分の仕事が「人の役に立っている」という思いもなくなってしまう**んだ。だから、**ただこなすだけになってしまいがち**なんだね。

そうですね。学生時代の友人たちの話を聞いていても、仕事のモチベーションが上がらずに、「ただ言われたことをやっているよ」っていう人が多いです。私も2年目の時は、そうなっていましたから・・・。

それは、とても残念なことだよね。せっかくこの会社で人の役に立ったり、自分を成長させたりしようと思って入ってきたはずなのに。**いつの間にか、初心がどこかに消えてしまう**んだね。モチベーションの話は重要だから、またあとで考えてみようか。

先ほどの話に戻すと、オオタさんもそろそろ新人の指導員になっていく時期だろうから、仕事の指示を受ける側が何を押さえておくべきなのかを覚えておくといいよね。

逆に、**指導する立場になったら、「ゴールイメージの共有」と「目的の伝達」は必ずしたほうがいい**ということなんだ。そうすることで、**部下がズレた仕事をしなくなる**からね。

本来は、指示する側がしっかりと伝えるべきなのだけれど、なかなかそういう上司や先輩は少ないからね。

はい！　もう、いつ私に部下が出来ても大丈夫にしておきます（笑）。

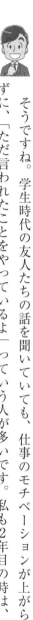

【ミニワーク 4－4】

ここまでの学びをもとに、「日ごろの仕事の受け方」について自由にふりかえってみましょう。しっかりと指示する人と自分の間でゴールイメージを共有していましたか？　また、目的を確認していましたか？　ふりかえって気づいたこと（うまくいっていること、いっていないこと、今後気をつけたいことなど）を書きだしてみましょう。新人指導などに当たっている人は、仕事の指示をする側の目線でも考えてみましょう。

4 「目的意識」は、モチベーションにも活かせる

さて、「モチベーション」の話が先ほど出たから、もう少し考えてみようか。
モチベーションとは、「やる気」とか「動機（づけ）」とか「意欲」とか言われるよね。
オオタさんは、仕事におけるモチベーションについて、どう考えている？

私は結構ムラがあるほうかもしれません。
その日の気分で上がったり下がったり・・・。
雨の日は会社に行くこと自体がおっくうですし、仕事がなかなかうまく進まない日は落ち込んだりしますし・・・。人間関係が悪いと仕事に行く気が失せますし・・・。う～ん、仕事のモチベーションを保つって難しいと思います。

なるほど、オオタさんはそう思うんだね。
モチベーションというのは重要なものなので、いろいろな人がいろいろな考えを持っているんだ。たとえば、「モチベーションなんか高める必要はない。やるべきことをやればそれでいいじゃないか」という人もいるし、それも一理あるよね。

ただ私は、それではつまらないと思うんだ。

たとえば「1日の生活」について考えてみると、睡眠時間を8時間として、残りの16時間のうち、少なくとも半分の8時間は仕事に使っている。さらに通勤をする場合はそのための時間もかかるし、もし残業をしたとすればさらに時間を取られてしまう。まぁ当社でも残業は「働き方改革」で激減したけれどね。

さて、そうやって考えてみると、人生の多くの時間を「働くこと」に関連したことに使っているんだよね。だとしたら、**仕事を楽しみながら、モチベーションを高く持ってやったほうがいいんじゃないか**・・・というのが私の思いなんだ。

それともう一つ。残念ながら**モチベーションが低い人からは、仕事の提案は出てこない**んだ。なぜなら、目の前の「作業をこなすことが自分の仕事」であって、「もっといい仕事や職場になるための提案」は**自分の仕事の範囲ではないと思っているから**なんだ。だから、**陰で愚痴を言って終わりになってしまう**。そういう人も、少なからず会社の中にいるよね。

でも、これはあくまで私の意見であって、いろいろな考え方があっていいと思うんだけどね。価値観は人それぞれだから。

そうですね。もし、安定的に高いモチベーションが保てたら、最高ですね！
それと、先ほどの「モチベーションの低い人からは提案が出てこない」という話には、すごく納得感があります。私自身も、モチベーションが高かった1年目はどんどん提案をしていましたが、モチベーションが低かった2年目は、提案なんかしようと全く思いませんでしたから。

そうみたいだよね。提案力の話も重要だから、これはまた日を改めて考えよう。
さて、オオタさんも言っていたけれど、「安定的に高いモチベーションが保てたら」いいよね。では、どうしたらいいと思う？

う〜ん・・・。「モチベーション＝動機」と考えると、先ほどの**「目的から行動する」**という考えが役に立つのではないかと思います。目的がはっきりしている仕事は、動機が明確ですから。

なるほど！　オオタさんはいつも、ここまでの内容をしっかりと理解して先に進むようにしているよね。上手に内容を取り込んで考えていることが良くわかるよ。

ありがとうございます！　褒められると、モチベーションがぐっと上がる気がしますね！

そうだね！　褒められたり、認められたりすることはモチベーションを高める大切な要素の一つだね。

さて、先ほどの話だけれど、**いまオオタさんが取り組んでいる仕事は、何のためにやっているの？**

えっと、私自身が取り組んでいる仕事はあまり大きなものではないんですが、でも職場にとって欠かせない仕事だと思っています。つまり、**課（部署）の目標達成に貢献**しているんだと思います。課が目標達成できるということは、**直接・間接を問わず、会社の業績向上にも貢献**しているんだと思います。会社全体からすると、私の力なんて微々たるものかもしれませんが・・・。

それと、「世の中」と「会社」はつながっていると教わりましたから（P89）、もう少し大きな目でとらえてみると、**お客様の問題解決に貢献**しているんだと思います。

当社の仕事って、製品やサービスでお客様へお役立ちすることが大きな使命ですので、私の仕事は、世の中のお客様にも貢献しているのではないかと思います。

そうだね。こう聞かれたときに、「いや、言われたからやってるんです」「給料（報酬）をもらっているから当然です」というような答えが出るような人は、本質的な仕事の目的がわかっていないんだね。それがダメだなんて言わないけれど、そういう人は、一度しっかりと「自分の仕事の目的」を考えてみると、毎日がもっと楽しくなると思うんだ。

世の中の仕事はすべて、社会の役に立つために存在しているんだ。

逆に言えば、社会の役に立たないような仕事や社会にマイナスとなるような仕事はしてはいけないし、そのような企業は自然と淘汰されると言ってもいいかもしれないね。

さて、そうやって考えてみると、オオタさんの仕事は、いろいろな人や職場の役に立っていることがわかるね。

オオタさんは、「微々たる力」って言ったけれど、**企業というものは、そういう微々たる力の集合体**なんだ。**オオタさんの仕事は、必ず大きな仕事につながっている。**オオタさんがいないと会社は正常にまわらないと思っていいんだ。だから、自信と誇りを持って仕事をするべきなんだよ。

ありがとうございます。なんだかもっとやる気がわいてきました！

【ミニワーク 4－5】

ここまでの学びをもとに、「自分の仕事の目的」について自由に考えてみましょう。

①「どのような業務をとおして、誰（職場、他部門、企業全体、お客様、社会など）に対して、どのような貢献（お役立ち）をしている」のでしょうか？
さまざまな自分の業務をみつめてみましょう。こたえは、複数あるはずです。

②このワークをおこなって、気づいたことを書きだしてみましょう。

このミニワーク、いいですね。自分の仕事は小さなものがたくさんありますけど、それぞれにきちんと目的があって、人の役に立っていることが良くわかりました。

モチベーションを高めていくための第一歩って、こういうところをしっかりと考えることなのかもしれませんね！

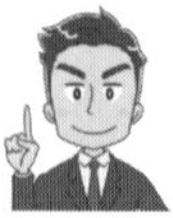

そのとおりなんだ。今のワークで考えたことって、まさに**自分の仕事のやりがいを見つけることにつながる**ことなんじゃないかな。

今の自分の仕事はさまざまな人や組織に対して役立っていることは分かったよね。

では、それらを「**自分ごと**」としてさらに考えてみようか。

今自分が取り組んでいる業務って、**自分にとってはどんな価値を生んでいる**んだろうね？

えぇと・・・、一言で言えば、今の仕事に取り組むことで、大きな**自分自身の成長につながっている**と思います！

たとえば、今の業務はかなり複雑なプロセスでおこなっていますので、しっかりと**仕事を段取る力**を学ぶことにつながっていると思います。

また、さまざまな人とのやり取りも必要ですので、**コミュニケーション力**を磨いたり、それから、スギナミ課長とのミーティングでのやり取りで**考える力**を身につけたり・・・。質問をされてから改めて考えてみると、すごく自分の成長につながっている仕事や職場なんだな、と実感しました。

・・・って、こんな内容で大丈夫ですか？

ちゃんと考えてくれたのが良く伝わってくるよ。オオタさんが言ってくれたように、段取り力を磨くって大切だね！　これはどんな職場でも共通だといえるんだ。

なぜなら、結局のところ**「仕事力」とは、要は「段取り力」と「行動力」のこと**だと思うんだ。**仕事をうまくやる人は、きちんと段取りをしてそれを実行に移すことができる**よね。逆に、仕事ができない人は、段取りがぐちゃぐちゃなのか、口だけで行動しないか、あるいはその両方なのだから。

さて、今言ってくれた「自分の成長」についてなんだけれど、その中に**「面白さ」や「楽しさ」**ってあるのかな？

そうですね、最近実感しているんですけど、**成長するって楽しい**って思います！

新しい知識を得たり、視野が広がったり、考えが深まったりすることって、とても面白いと思えるようになりました。

とくに、この課長との1on1ミーティングはとても毎回楽しみなんです！　お世辞とかではなくて、毎回成長が実感できるので・・・。まるで「研修で授業を受けている感じ」なんです！　それも**とびっきり最高の研修**を・・・。

なるほど。成長を楽しみに感じるのは、素晴らしいことだね。**成長を楽しめる人は、これからも成長し続けていける**んだ。なぜなら、楽しいことは続けられるからね。

だから、オオタさんも**「楽しさ」や「面白さ」を原点にして日々を過ごしていくと、モチベーションが上下しづらい**んじゃないかな。**その日の気分に引っ張られなくなる**からね。

ありがとうございます。確かにそうですね！

仕事で成長できることを自分の楽しみにして、これからも学び続けていきたいと思います！

それと、以前に話した「ゴール思考」ということで言えば、**自分の成長した姿をしっかり考えてみると、これも強いモチベーションにつながる**んだ。なぜなら、人は**ゴールが魅力的なら、自発的にそこに行こうと思う**からね。これは重要なことだから、日を改めてきちんと向き合ってみようね。

【ミニワーク 4－6】

ここまでの学びをもとに、先ほどのミニワーク4－5（P133）で考えた自分の業務について自由に考えてみましょう。

①先ほど考えた自分の業務は、「自分にとってどのような価値がある」のでしょうか？　さまざまな自分の業務が、どのように自分にポジティブな価値を生んでいるかを考えましょう。こたえは、複数あるはずです。

②このワークをおこなって、気づいたことを書きだしてみましょう。

4日目のまとめ

- [ ] 苦にならずに続けることができるので、ものごとは、楽しんでやることが一番だ。これは仕事でも同じことが言える。

- [ ] 「自分の当たり前」は、「他人の当たり前」ではないということは、人のコミュニケーションにおける本質的なポイントだと言える。
人はほとんどの場合、無意識に「自分の当たり前」で他人とコミュニケーションを取っている。しかも、そのことに気がついていない。

たとえば、話をする側は、自分の当たり前のペースで話してしまう。結果として聴き手側はメモが取れなかったり、勝手に解釈することが起こる。

- [ ] 「自分の当たり前」は、「他人の当たり前」という考えは、後輩指導でも役に立つ。同時に、メールなどの文章でも同じことが言える。だから、会話でも文章でも、情報を発信するときは「誰が受け取っても誤解なく理解できる」ように伝えることを心がけよう。

- [ ] 本質をつかむ力を磨こう。それにより、表面的な学びではなく、さまざまな場面で役立つ学びを抽出することができる。
そのためには、以下のような質問が役立つ。
・要は、どういうことなんだろう？
・根本には、何があるんだろう？
・普遍的な学びとして言えることは何だろう？
・何が解決すれば、うまくいくんだろう？
・様々なものごとに共通していることは何だろう？

- [ ] 「私たちの仕事の評価は他者がする」ことを忘れてはならない。
自分がどんなに素晴らしい仕事をしたと思っても、相手がそう思わなければ、それはいい仕事とは言えない。

相手が求めていることを正しくつかんで、それにキッチリ応えることが重要だ。そうしなければ、「独りよがりの仕事」になってしまう

- [ ] 仕事の指示があったときには、「言われたことをそのままやる」のではなく、必ず「ゴールイメージ」を共有し合おう。「何がどのようになればゴールなのか」「相手がどういうアウトプットを望んでいるのか」を確認することで、「こんなつもりじゃなかった」という事態を避けることができる。

- [ ] そして、「何のためにそれをするのか」という、仕事の目的を確認しよう。
目的もわからず、漠然と仕事をするのは、「作業」だ。ただこなすだけになってしまうので、モチベーションも上がらなくなる。

- [ ] モチベーションが低い人からは、新しい提案は出てこない。いい仕事をするための提案は自分の仕事ではないと思っているので、陰で愚痴を言って終わりになってしまう。

- [ ] 世の中の仕事はすべて、社会の役に立つために存在している。自分の担当業務自体は小さいものかもしれない。しかし、必ず大きな仕事につながっているものだ。

- [ ] 「仕事力」とは、「段取り力」と「行動力」のことだ。仕事をうまくやる人は、きちんと段取りをしてそれを実行に移すことができるし、出来ない人は、その逆になる。

- [ ] 自分の業務が「自分にとってどんな価値を生んでいるのか」を考えてみよう。そして、その中の「面白さ」や「楽しさ」を見つけてみよう。日々の業務や職場での取り組みが「自分の成長」につながっていることがわかってくると、成長を楽しめるようになる。
「楽しさ」や「面白さ」を原点にして日々を過ごしていくと、その日の気分に引っ張られなくなり、モチベーションの浮き沈みが起こりづらくなる。

★プログラム例：

ここでは２つの「思考力」の研修プログラム例をご紹介します。「この内容を階層別研修に組み込みたい」「日数や運営方法を変更したい」など、お客様の目的やご要望に応じて、柔軟に内容をカスタマイズしていきます。

論理的思考力強化研修

【DAY1】

・オープニング
（効果的なメモの取り方、自己紹介と論理的思考）

・ロジックツリーによる構造化
（ツリー構造とMECE）

・効果的な情報整理
（各種フレームワークと業務への活用）

…など

【DAY2】

・問題解決やコミュニケーションへの活用
（問題解決ストーリーとロジカルシンキング、ツリー構造のコミュニケーションへの活用）

・日々ロジカルに考えて行動するために
（実践のためのヒント）

…など

創造的思考力強化研修

【DAY1】

・「気づき力」のベース
（発想のメカニズムの活用）

・「固定観念」からの脱出
（発想を阻害する3つのメンタルブロックとその脱出法）

・アイディア創出のセンスを磨くために
（発想を生み出すための各種手法）

…など

【DAY2】

・思考停止に陥っている言葉とその対応法

・課題達成ワーク
（固定観念を取り去って目標達成することの重要性を学ぶワーク）

・総合演習
（アイディア創出実践）

・今後の実践のために

…など

5日目

コミュニケーション力を高めて、周りから信頼されるようになろう

1 他人の考えや思いを否定しない

ここまでコミュニケーションについても考える機会が何度かあったね。
ここで、ひとつの簡単な例で考えてみようか。
3人の職場に自分が所属しているとして、自分はとてもその仕事や職場に満足で、居心地が良いと感じている。その時、他の2人はどうだと思う？

えー？　いい職場なんじゃないですか？　居心地がいいんですよね。

もちろん、その可能性はあるよね。だけど、もしかしたらそうじゃないかもしれない。
つまりね、ずっと話してきているけれど、コミュニケーションで重要なことは、「自分の当たり前で考えない」ということなんだ。人は、無意識に「自分の当たり前」で考え、**「他人も自分とおんなじだ」と考えてしまう。**
だけど、決してそんなことはないよね！
なぜなら、**他人は自分とは全然違う「背景」を持っている**からなんだ。知識量や経験値も違うし、価値観が違うかもしれないよね。ものごとのとらえ方や考え方も違う。**だから**

こそ面白いし、価値があるよね。「自分がAだ」と思うことも、もしかしたら「Bだよ」と思う人もいるかもしれない。でも、それが自然なことであって、否定してはならないということなんだ。**「他人は自分とは違う考えや情報を持っている」と考えると、コミュニケーションを取るときに役に立つ**んじゃないかな？

たしかにそうですね！　自分は居心地のいい職場だと思っていても、ほかの2人は全く違う思いをしているかもしれませんよね。我慢しているかもしれない。もしかしたら、自分の居心地の良さは、他人の犠牲のもとに成り立っているのかもしれないですね・・・。

そうなんだ。だからこそ、**お互いの本音が言えて尊重し合えるような職場環境**は大切なんだ。

さて、今の話を整理すると、2つの重要なポイントがあるんだ。良好な人間関係を築いていくには・・・、

■ 良好な人間関係を築くための2つの重要ポイント

①他人の考えや思いを否定しないこと

②相手の良いところを見ること

①他人の考えや思いを否定しないこと

人は、自分の考えや価値観と違うことを見聞きすると、頭から否定しがちになるんだ。

「自分の当たり前」じゃないから、「拒絶」が先に出る人が多いんだね。

でも、それはコミュニケーションにおいては効果的じゃない。**相手が心を閉ざしてしまうからね。**

だから、**「自分の考えや価値観以外にも正解はある」という柔軟性**が大切になるんだよ。

もちろん、「1＋1＝2」のような、明確な答えがあるものもあるかもしれないけれど、**ビジネスにおいては、コンプライアンスを除いて「絶対的な正解」はあまりないんじゃないと思うよ。**

この話は、前にもしたよね（P18）。

たとえば「今までこのやり方でうまくやってきたから」という

ような「過去の正解」は、もしかしたら「今このとき」には別にもっといい答えがあるかもしれないよね。

でも、今までの成功例がある人は、それを否定しがちなんだ。だから、職場のベテランクラスになると、若手の意見を頭から否定する人が増えてしまう。

結果として、成長が遅くなったり、止まってしまったりするんだ。ここでいう「成長」というのは、後輩・先輩・会社のすべての成長のことだね。否定するとすべてが止まってしまうんだ。オオタさんも、これから後輩指導などで実感するかもしれないね。

だから、このミーティングのルールでも、「相手の話を否定しない」と決めていたよね（P27）。

もちろん、安全上の理由で守らなければならないものは、しっかりと指導をしなければいけないよね。その通りにやらないと、命にかかわるからね。

だけど、そういうものでない限り、**「なるほど、そういう考えや見方もあるよな」**と受け止めてみてほしいんだ。

他人を最初から否定するのではなく、**「この人はなんでそう考えたんだろう」**と思いを向けてみよう。相手の考えを詳しく聞いてみることも大切だね。すると、その人のことがもっと理解できるようになるかもしれないよね。

これは、**自分の視野を広げることにもつながる**んだ。

以前の話（P64）の中で、「うまくいったことは自分の強みとして成功パターンを作ろう」という話をしたけれど、これが行き過ぎると、自分の今のやり方以外が受け入れられなくなってしまうんだ。

だから、柔軟性って本当に大切なんだ。この話も以前したよね（P52）。

これは本当によくわかります！　前のアラカワ課長は、私が何か意見やアイデアを言うと、頭ごなしに否定するんです。
「それは無理だ」「そんなこと考える暇があるなら仕事しろ」って。だから次第に、モチベーションが落ちていったんです。
そう考えてみると、自分の中で過去の2年間が大きなトラウマになっているんだな・・・と思います。

【ミニワーク 5－1】

ここまでの学びをもとに、あなた自身の「周囲に対する接し方」を自由にふりかえってみましょう。他人の考えや価値観を否定していませんでしたか？　気づいたこと（うまくいっていること、いっていないこと、今後気をつけたいことなど）を書きだしてみましょう。また、数日間この課題を意識して過ごしてみましょう。

2 相手の良いところを見ると、人間関係が好転する

そうだったんだね。意見やアイデアをいきなり否定されるのはつらいことだね。そうすると、相手との信頼関係もなくなっていってしまうからね。

では、ちょっと考えてみよう。オオタさんが「その体験から得たもの」って何だろうか。

体験から得たものですか・・・。無力感とか嫌な気持ちとか、こちらも相手を拒絶したりとか・・・。

そうか・・・。たしかに、ネガティブな感情はいろいろ得たよね。

逆に、**得られたポジティブな価値は何だろう**？　必ずあるから、考えてみようよ。

えぇー？　ネガティブな体験にポジティブな価値なんてあるんですか？

でも考えてみると・・・、「自分は後輩にやさしく接してあげよう」という気持ちですかね。

あと、「いいところも見てほしいのにな・・・」と思ったことでしょうか。

なるほど。今の話はとても重要なところで、まさにそれが2つ目のポイントの話なんだ。

②人間関係は、相手の良いところを見ること

オオタさんは、前任のアラカワ課長とは、あまりうまくいっていなかったって、ずっと話してくれているね。

アラカワさんって、どんな人だと思った？

スギナミ課長の前なので正直に言いますけど、とにかく「圧」が強いんですよね。強引にその場を進め、話を聞いてくれなくて、一方的に意見を押し付けられる。何か提案しようとしても、「それは無理だ！」で終わりです。正直言って、まさに先ほどの「若手の意見を否定するベテラン」の典型という感じなんです。

そうか、正直に言ってくれてありがとう。今の話を聞いていると、過去のオオタさんではモチベーションが下がってしまったのも無理ないよね。

さて、先ほど言ってくれたアラカワ課長のイメージなんだけど、**ポジティブな表現で言い直してみると**、どうなる？

ええー？　そんな、ポジティブな面なんかないですよ！

先ほど言ってくれた内容を言い換えてみればいいんだ。ポジティブに言い直すとどうなるのかな。とりあえずやってみようよ。

はい・・・。とにかく「仕事に強い自信を持っている人」だと思います。今までやってきたことに絶対的なプライドを持っていて、実際に今も成果をすごく出している。強いリーダーシップを発揮して職場をグイグイ引っ張り、部下にも成果を出してほしい、と強く願っている・・・あ！

私は配属されてすぐの時期に強く叱られたことがあって、それ以来アラカワ課長に嫌われていると思ってしまって苦手だったんですけど、**苦手意識からネガティブにしか見られなくなってしまったんです**よね。

同期の仲間からは「アラカワ課長って、仕事をバリバリやっていて、すごいよね。いいところに配属されたね」と言われたんですけど、私の感覚では「無理無理。まさに昭和の時代を引きずっているパワハラおやじだよ」なんて言ってました。入社1年目は私も何とか成果を出せていたんですけど、そのうち「反発とあきらめ」からモチベーションが落ちて、低迷したんです。

いま改めて考えると、この1年目の成果はアラカワ課長の指導にきちんと向き合っていたおかげですよね。

アラカワ課長に対する意識が変わってきたように見えるね。いま、ポジティブな価値を探してみて、どうだった？

はい。**同じ人のことでも、ポジティブに見るかネガティブに見るかで全く印象が変わる**んだと思いました。**人間関係って、ネガティブなほうを見始めると、その人のことがドンドン嫌いになっていく**んですよね。で、それがイヤな記憶として、ずっと残ってしまう・・・。
学生時代も、そうだったように思います。バイトとかなら気に入らなければやめてしまうことは簡単ですけど、会社はそうはいかないですものね。

そのとおりなんだ！
これはまさに人間関係を長期にわたってうまくやっていくコツだよね。
少なくとも、**その人とうまくやっていこうと思うのなら、嫌な面を見るのではなく、良い面を見るようにする**こと。**性格は表裏一体だから、同じ人間でもポジティブな見方もで**

きるし、ネガティブな見方もできるわけなんだ。

たとえば、オオタさんも言ってたよね。アラカワ課長は、「強引で一方的な人」だと。でも、見方を変えれば、「強い自信を持ち、リーダーシップを発揮する人」ととらえることもできるんだ。そしてアラカワ課長の指導を受けていたオオタさんは新人時代に良い成果を残せたのは事実だよね。

そうですね。まさにそのとおりだと思いました。
私は学生時代も含めて、今まで他人のネガティブな面ばかり探していたような気がします。結果として、人となかなか仲良くなれなかったり、仲良くなっても続かなかったりしたんです。でも、それは自分のとらえ方の問題なんだと気づきました。
これからは、人間関係がもっとうまくいくような気がします！

【ミニワーク 5－2】

ここまでの学びをもとに、あなた自身の「人間関係」を自由にふりかえってみましょう。他人のネガティブな面ばかり見たりしていませんか？　気づいたこと（うまくいっていること、いっていないこと、今後気をつけたいことなど）を書きだしてみましょう。また、数日間この課題を意識して過ごしてみましょう。

ところで、先ほどの課長の質問で思ったんですけど、この考え方って、**性格だけでなく、「自分の意識や体験」にも同じことが言えるん**ですよね。

たとえば社内研修に参加する時に、「あー、この忙しいときにめんどくさいな。ダルいな」と思って行くのと、「せっかく忙しい中で参加するんだから、たくさんの価値を持ち帰ろう」と思うのとでは、参加の仕方が大違いではないかと思ったんです。

同じように、**何かつらい体験をしたと思った時に、「その体験から学べること」といったポジティブな価値を見つけることができれば、気持ちが楽になる**と思ったんです。

オオタさん、またうまく本質をつかんでくれたね！

今回はコミュニケーションという観点で、ポジティブな面を見るという話をしたけれど、オオタさんが言うように、実は**この考え方は人生のあらゆる場面で活かせる**んだ。

ものごとや体験の「良い面や価値を見つける」こと。たとえネガティブなものを見つけたとしても、それに対する「前向きな対策案を考えること」が本当の問題解決であり、建設的な生き方じゃないかな。**ただ否定ばかりしていても前に進まないし、お互いの関係も良くならないんだ。**

我々の職場もそうだけれど、世の中のマスコミ、政治家やコメンテーターを見ていると、ただ否定ばかりをする人がいるよね。「否定をすることが自分の存在価値だ」と思っているのかもしれないけれど、ただ否定をするだけでは全く建設的な議論にならないんだ。

本質的にものごとをみられるようになると、そういう人や意見に騙されなくなるよ。ものごとのポジティブな面を見るという考え方を、ぜひ**新しい習慣**として、取り入れてみてほしいな。

さて、前任のアラカワ課長のちょっと高圧的に見える態度は、人によっては馴染めないかもしれないよね。それはアラカワ課長自身のコミュニケーション上の成長課題かもしれない。

でも、**人は、そのことに本人が気づかない限り変わらない**んだ。周りが「**この人を変えよう」と思っても、変えられない**ということなんだ。絶対にできないわけではないかもしれないけれど、膨大なエネルギーが必要だよね。

だから、私たちは、「**このひとは、××というネガティブに見える特徴がある。でも、それは○○というい面でもある**」**ととらえてコミュニケーションを取る**ようにすると、ストレスがたまらないんだ。

ありがとうございます！　すごく気が楽になりましたし、今後も自分とはタイプの違う人に出会っても、ストレスをためずに付き合えるようになると思いました。

そうだね。**自分とタイプの違う人を、「自分とはタイプが違うから嫌だな」ととらえるのも一つの考え方だけど、逆に「自分の持っていない何かを持っている魅力的な人」ととらえることもできるよね。**これはオオタさんの長い人生の中で、とても重要な人間関係のコツになるんじゃないかな。

【ミニワーク 5−3】

ここまでの学びをもとに、日々のさまざまな事柄をポジティブにとらえて過ごしてみましょう。実行して気づいた（うまくいったこと、いかなかったこと、今後気をつけたいことなど）ことを書きだしてみましょう。

3 「簡略化したコミュニケーション」が引き起こすこと

スギナミ課長、ちょっといいですか？
これまで課長と話をしていて、気がついたことがあるんです。

お、なにかな？

はい。**他の人との会話と比較すると明らかに違う**ことがあって・・・。
それは、「いま何について話をしているのか」「誰の話なのか」「要はどういうことなのか」が明確なんです。

なるほど。よく気がついたね。
実は、これは私が話をするときに、いつも気をつけていることなんだ。
人は「自分の当たり前で話をしてしまう」ことはすでに理解してるよね。だから、自分としてはしっかりコミュニケーションを取っているつもりになっていても、聴き手からすると「それは何のことを言っているんだろう」とか「たぶん、こういうことかなぁ・・・」

といった**疑問が生まれてきてしまう**んだ。

もちろん、わからないことや疑問に思ったことをその場で質問すれば解決する。でも、現実にはすべてを聞き返せる訳じゃないよね。だから、**自分なりに勝手に解釈してしまう**ことが起こるんだ。

で、結局、**誤解が生じたり、すれ違いが起こったりする。**

ほんとにそうですよね。今までも知らないところで、すれ違いを生んでいたのかと思うと、ちょっと怖くなります・・・。

そうだね。個人の付き合いの場合は、そういった「誤解」や「すれ違い」が原因で、人間関係が壊れていくことってあるよね。

では、これをビジネスで考えてみると、こういった誤解やすれ違いが起こると**「後戻り作業」が生じることになる**んだ。「え、そんなこと聞いてないよ！」とか、「そんなつもりで言ったんじゃないんだけど・・・」とか、「やってほしいことはそれじゃないよ！」とか・・・。

先日の隣の課のネリマさんのトラブルも、まさにそうだよね。

そうやってうまくいかないコミュニケーションが起こったとしても、個人の付き合いの時みたいに人間関係を壊すわけにはなかなかいかないんだ。なぜなら仕事はこれからも続いていくんだから。それで多くの人は**人間関係に不満を抱えながらもイヤイヤ仕事をするようになってしまう。**それじゃ仕事のモチベーションは上がらないよね。

お客様とのコミュニケーションの場合は、大きなトラブルになったり、違約金が発生することもありうるわけだ。

そしてビジネスでは、いかに「時間を効率的に活用するか」が大切になってくるから、**後戻り作業が生じるということは、結局会社や職場に迷惑をかけることになる**んだ。

言われてみれば、そうですね！　そこまで深く考えていませんでした。

つまり、**わかりやすく情報を伝えられないと「人間関係も悪くする」**だけでなく、**「会社に損害を与える」**ということなんですね！

本質をとらえてうまくまとめたね。まさにそのとおりなんだ。

職場でもプライベートでも、チャットツールなどで、簡単な単語だけでやり取りしている人が多いよね。

でも、これってとても危険なことで、実は「何について反応をしているのか」が不明確なので、誤解を招くことが多くあるんだ。オオタさんも経験があるのではないかと思うよ。

そういう**単語中心のやり取りに慣れてしまうと、いつの間にか簡略化したコミュニケーションしかできなくなってしまい、相手が理解できるように言葉を補うことをしなくなってしまう。**


人間関係がしっかりできていて、相手の価値観や考え方などが共有できていれば、簡単な言葉でも相手に誤解なく伝えることができるかもしれない。でも、ビジネスの人間関係では、そのようなことはまずないよね。だからこそ、危険なんだ。

特にグループでチャットなどをしていると、「これはだれの発言に対するコメントなんだろう？」「どういう意図で発言しているんだろう？」と疑問に思うことって多いよね。

そうですね！　学生時代の仲間のグループチャットでは、主語も何もないですよ。いきなり自分の当たり前でつぶやいてますから。でも、その感覚をビジネスに持ち込むのは確かにヤバいと思いました。
あ、ヤバいという表現もビジネスではもっと具体的に表現したほうがいいですね。

そのとおりだね。「ヤバい」とか「カワイイ」とか、さまざまなニュアンスのあるものを一言で片づけてしまうのは、できれば避けたほうがいいね。なぜなら、いつの間にか、**言葉を使いこなす力がなくなってしまうから。微妙なニュアンスを感じ取る感性やそれを表現する力が磨かれなくなってしまうよ。**

本当にそうだと思います！　感性を磨くって大切なことですよね。これから気をつけていきます。

【ミニワーク 5−4】

ここまでの学びをもとに、日々の自分のコミュニケーションをふりかえってみましょう。簡単な言葉でコミュニケーションを終わらせていませんか？

ふりかえって気づいた（うまくいっていること、いっていないこと、今後気をつけたいことなど）ことを書きだしてみましょう。

そして、それを実際に実行してみましょう！

4 上手な会話力を身につけよう

それと、課長の話についてもう一つ気がついていることがあって、**使っている言葉がわかりやすいんです**。難しい言葉を使わないというか・・・、たとえ使ったとしても、きちんと補足をしてくれるからすんなり理解できるんです。

そうだね。これも私が気をつけていることなんだ。よく観察をしているね。せっかくなので、私が**会話をするときに気をつけていること**が6つあるから、それを紹介しようね。これは私が長年かけて気をつけようと思ったことをまとめたものなんだ。だから、きっとオオタさんにも役に立つんじゃないかな。

でも、これが全てというわけでもないだろうし、自分なりの気をつけたいポイントを整理するといいと思うよ。

①誤解を生まないように、「主語や目的語」などを入れて「何について伝えているのか」を明確にする

これはもういいよね。先ほどからオオタさんと話してきたことだね。

■ 会話をするときに気をつけたい6つのこと（スギナミ課長編）

①誤解を生まないように、「主語や目的語」などを入れて「何について伝えているのか」を明確にする

②相手がメモを取りやすいように、ゆっくり「間」を取りながら話す

③一方的な伝達にならないように、「質問」を投げかけて相手の理解度や考えを確認する

④相手が理解しやすいように、わかりやすい言葉を使ったり、相手の反応を見て「内容のレベル感」を調整したりする

⑤目の前の人との時間を大切にするために、相手に体を向けて、他のことをしないようにする

⑥相手の話すことを最後まで聴き、その内容を「否定しない」ようにする

②相手がメモを取りやすいように、ゆっくり「間」を取りながら話す

これも大丈夫だよね。相手がどれくらいメモを取れているかを観察しながら話すようにしているんだ。これはオオタさんも後輩指導でも使えるポイントだよね。

③一方的な伝達にならないように、「質問」を投げかけて相手の理解度や考えを確認する

上司と部下の関係で話をすると、一方的に上司からの話の押し付けになってしまいがちだよね。そうならないように、いつもできるだけオオタさんの話を聴くようにしているんだ。

意外なくらい、一方的に伝えるだけの人って多いものなんだ。

それと、オオタさんの考えを聴きだせるように、たくさん質問をするように心がけているよ。

はい。**質問をされることで、こちらも「きちんと考えなきゃ」と思う**ようになりました。今思えば、入社してからスギナミ課長の１ｏｎ１ミーティングを受けるまでの間ずっと、自分からは何も考えていなかったって実感しています。課長がいろいろと質問を投げかけてくれたので、次第に考える習慣がついた気がします。

そうだね。最近までオオタさんは、考え方を知らなかったと思うよ。そのせいで苦手だったんだ。でも、人って成長するんだよね。

④相手が理解しやすいように、わかりやすい言葉を使ったり、相手の反応を見て「内容のレベル感」を調整したりする

前半の内容は、先ほどオオタさんが指摘してくれたものだね。できるだけ、**誰が聞いても理解できる表現**を心掛けているんだ。もし**その場で難しい表現を使ってしまったら、そのあとでやさしい表現で言い直せばいい。**

先ほど、相手のメモのペースを観察するという話をしたけれど、相手の理解度も観察したほうがいいね。よくわかっていないのに「そうですね」と言っているのか、きちんと自分で理解しているのかはしっかり観察していればわかるんだ。だから、相手がピンと来ていない様子だったら、さらにわかりやすい表現で伝えないといけないよね。

ちなみに、私は**文書を書くときにも同じことを心掛けている**んだ。文章では相手の反応がわからないよね。だからこそ**必ず読み返して「表現が誤解や不快感を与えないか」、「誤字脱字で信頼感を損うことになっていないか」、「第三者が読んだり、時間が経過しても理解ができる表現になっているか」をチェックする**ようにしているんだ。

⑤目の前の人との時間を大切にするために、相手に体を向けて、他のことをしないようにする

これは私自身が「昔の上司にされたこと」から学んだことなんだ。その上司は、報告や相談に行っても、ずっとパソコンや手元の資料のほうを見ていて、こちらに体や顔を向けてくれなかったんだよね。部下からすると、「本気で聞いてるのかな？」と腹が立つことが多くて、自分は絶対こういう上司にはならないって思うようになったんだ。

つまり、**相手に体を向けなかったり、目線を合わせなかったり、別のことをしながら話を聴いてしまうと、相手に「自分が軽く見られている」と思われてしまう**んだ。

まぁ、上司の中には、「部下は自分より下なんだから当然だ」という人もいるんだろうけど、私はそうは思わない。**部下は決して「下」の存在じゃない。「自分が持っていないものの見方やセンスを持っている大切なパートナーだ」**って思っているよ。

だからこそ、会話をするときには相手にきちんと向き合うことが大切だと思うんだ。

⑥相手の話すことを最後まで聴き、その内容を「否定しない」ようにする

これもベテランになるとやってしまいがちなんだ。なぜならベテランになると、自分の経験から若手の言いたいことが途中で分かってしまうことがあって、途中で「それはさぁ・・・」とか「それって○○なんだよね」とか、**話を先取り**してしまいたくなるんだ。

でも、話す側からすると、**最後まで話せないのは大きなストレス**だよね。しかも、見当違いなことを言われることもあるわけで、そうすると**相手に対する信頼感も下がってしまうんだ**。だから私は、人の話は最後まで聴くように心がけているんだ。

後半の「内容を否定しない」ことについては、すでにやってきたので大丈夫だよね。

はい、話を先取りされると、すごくストレスに感じますね。

しかも、話すペースを崩されてしまうので、何が言いたかったかわからなくなって混乱することもあるんですよね。

課長の6項目を参考に、自分なりに考えて**「自分が気をつけたいこと」のリスト**を手帳に書いて、毎日チェックしたいと思っています。作ったらまた課長にお見せします！

【ミニワーク 5−5】

ここまでの学びをもとに、これまでの自分の会話力を振り返ってみましょう。

相手のことを配慮した会話になっていましたか？　振り返って気づいたこと（うまくいっていること、いないこと、今後気をつけたいことなど）ことを書きだしてみましょう。

また、自分なりの「会話で気をつけたいこと」をリストアップしてみましょう。

5日目のまとめ

- □ 「他人は自分とは違う考えや情報を持っている」と考えることが、コミュニケーションを取るうえでは役に立つ。

- □ コミュニケーションにおいては、次の2点を意識しよう。
  ①他人の考えや思いを否定しないこと
  ②相手の良いところを見ること

- □ 人は、自分の考えや価値観と違うことを見聞きすると、「拒絶」が先に出てしまいがちだ。しかしそれでは相手が心を閉ざしてしまう。だからこそ、「自分の考えや価値観以外にも正解はある」という柔軟性が求められる。
  「なるほど、そういう考えや見方もあるよな」と受け止めてみよう。

  「この人はなんでそう考えたんだろう」と考えることで、相手のことが理解できるようになる。結果として、自分の視野を広げることにつながる。

- □ 同じ人のことでも、ポジティブに見るかネガティブに見るかで全く印象が変わる。ネガティブなほうを見始めると、その人のことがドンドン嫌いになってしまう。
  だからこそ、他人の嫌な面を見るのではなく、良い面を見るようにすることが大切だ。性格は表裏一体なので、同じ人間でもポジティブにもネガティブに捉えることもできるものだ。

- □ この考え方は「自分の意識や体験」など、人生のあらゆる場面で活用できる。ものごとや体験の「良い面や価値を見つける」ようにしたり、ネガティブなものを見つけたとしても、それに対する「前向きな対策案を考える」ことが本当の問題解決であり、建設的な生き方なのだ。

□ 人は、自分の課題に自分で気づかない限り、変わらない。周りが「この人を変えよう」と思っても、膨大なエネルギーが必要になってしまう。

□ 人間関係を良好に築くコツは、自分とタイプの違う人を、「自分の持っていない何かを持っている人」ととらえることだ。

□ 人は「自分の当たり前」で話をしてしまうし、相手も「自分の当たり前」で話を聞いてしまう。結果として、お互いに誤解が生じたり、すれ違いが起こったりする。

□ わかりやすく情報を伝えられないと「人間関係も悪くする」だけでなく、「後戻り作業」が生じてビジネスに損害を与えることになってしまう。

□ チャットツールなどで単語中心のやり取りに慣れてしまうと、いつの間にか簡略化したコミュニケーションしかできなくなってしまい、相手が理解できるように言葉を補うことをしなくなってしまいがちだ。

□ 「ヤバい」など、さまざまなニュアンスのあるものを一言で片づけてしまうことが当たり前になると、微妙なニュアンスを感じ取る感性やそれ表現する力が磨かれなくなってしまう。

□ 会話をするときには、次の6点に気をつけてみよう。もちろん、これらをもとに、自分なりの気をつけたいリストを作ってもいい。

①誤解を生まないように、「主語や目的語」などを入れて「何について伝えているのか」を明確にする

②相手がメモを取りやすいように、ゆっくり「間」を

取りながら話す
③一方的な伝達にならないように、「質問」を投げかけて相手の理解度や考えを確認する
④相手が理解しやすいように、わかりやすい言葉を使ったり、相手の反応を見て「内容のレベル感」を調整したりする
⑤目の前の人との時間を大切にするために、相手に体を向けて、他のことをしないようにする
⑥相手の話すことを最後まで聴き、その内容を「否定しない」ようにする

□ 文章を書くときは、必ず読み返して「表現が誤解や不快感を与えないか」「誤字脱字で信頼感を損うことになっていないか」「第三者が読んだり、時間が経過しても理解ができる表現になっているか」をチェックしよう。

□ 相手に体を向けなかったり、目線を合わせなかったり、別のことをしながら話を聴いてしまうと、相手に「自分が軽く見られている」と思われてしまう。部下は決して「下」の存在ではなく、「自分の持っていないものの見方やセンスを持っている大切なパートナー」なのだ。

6日目

提案力を高めて、
仕事を
面白くしていこう

1 「ひらめき」を生むシステムを活用しよう

（上司）

先日から「問題意識」について、いろいろなことを考えてきたね。ここでもうひとつ、重要だと思うことを扱ってみよう。
それは、**「ひらめき」を生むシステム**についてなんだ。
オオタさんは、「ひらめき」って、どうやって生まれると思う？

（部下）

え、そんなこと考えたことなかったですね。ひらめきが来るのは「運」なのかな・・・ぐらいしか考えたことないです。でも、職場の改善提案などを考えるときには、ひらめきのような創造性って大切なのかな、と思います。

そうだね。ひらめき力が高いと、改善提案のアイデアも浮かびやすくなるだろうね。
実は、「問題意識」が高いと、ひらめきも生まれやすくなるんだ。
「ひらめき」を生むシステムを知っておくと、**業務を改善するためのアイデアが浮かぶのはもちろん、自分自身の問題解決のための発想も自由に出せるようになる**から、きっとオオタさんの人生に役に立つと思うよ。

では、図の矢印の順番に紹介していこうね。

①高い問題意識

まず、ひらめきのベースになるものが、「高い問題意識」なんだ。

問題意識のないところに、ひらめきはやってこないよね。オオタさんだったら、たとえば「もっと良い仕事をするにはどうしたらいいか」とか「もっと仕事を楽にするにはどうしたらいいか」とか「どうすればお客様や他部門の人が喜んでくれる仕事ができるか」、あるいは「どうすればもっと自分が成長できるか」といった、さまざまな問題意識を持っていると思うんだ。

■「ひらめき」を生むシステム

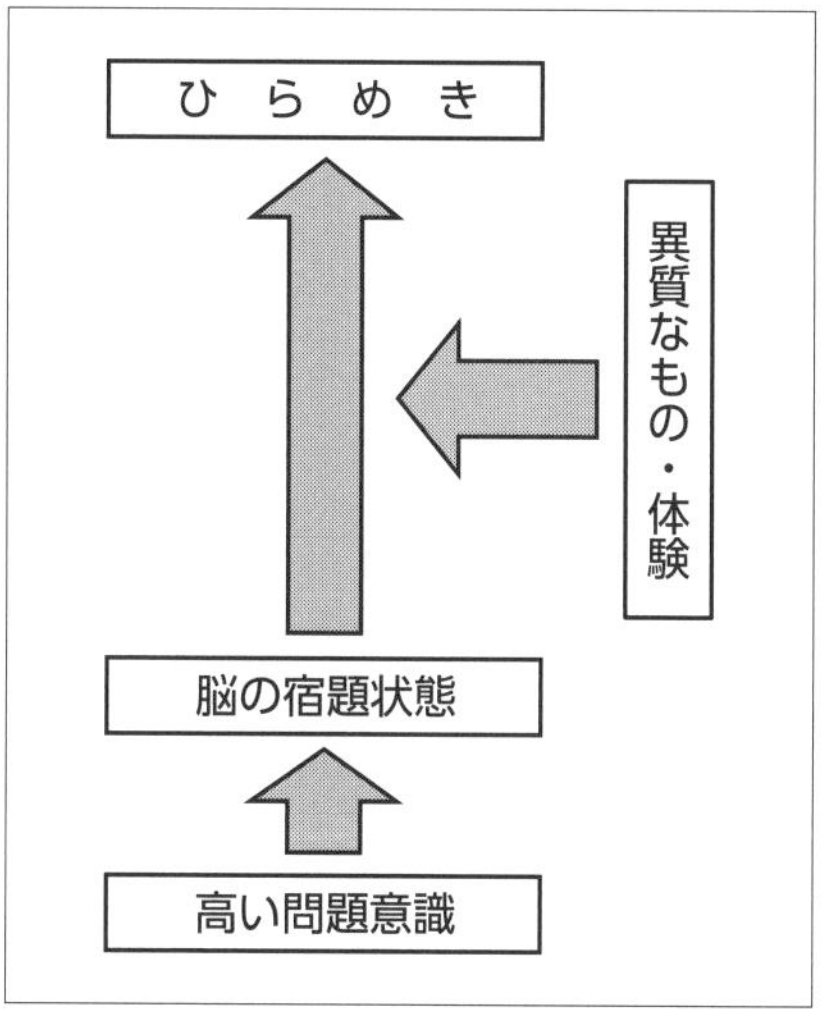

②脳の宿題状態

でも、その問題意識をなんとなく持っているだけでは、ひらめきにはつながりにくいんだ。ひらめきを得るためには、その問題意識を頭の中でしっかりと「宿題状態」にしておくことが重要なんだね。**「宿題状態」とは、頭の中にしっかりとその問題意識が残っている状態**のこと。この状態になっていると、他に違うことをやっていたとしても、ひらめきが生まれるようになるんだ。

たとえば、食事をしているときや、お風呂に入っているときのような、「仕事とは全く違うタイミング」で新しいアイデアが生まれたり・・・なんていうことが不思議と起こるようになるよ。

この「宿題状態」を作るには、5分でも10分でも**真剣にどっぷりと自分の問題意識について考えてみる時間を作る**ことが大切なんだ。そうすることで脳の内圧が高まり、その後は別のことをしていたとしても、脳の中には問題意識が残っている状態を作れるんだよ。

宿題状態ですか・・・。日常生活では、集中して一つのことを考える時間って、意外と作っていないものですよね。だからこそ、「集中」して考えることが大切なんですね！

そうなんだ。集中して考えた後って、そのテーマが頭の中に残るよね。それが大切なんだ。私はよく寝る前にこのシステムを使って脳に宿題を出して寝るようにしているよ。そうすると夢でヒントが出てくるようになるんだ。

③異質なもの・体験

先ほどの「脳の宿題状態」を作るだけでもひらめきは生まれやすいのだけれど、その際にもう一つ役に立つのが、「異質なものや体験と出会う」ことなんだ。

私たちは普段自分たちの当たり前の世界で暮らしているよね。その**「当たり前の世界の外にあるものごと」**が、**実は大きなヒントになったりする**んだ。

意外と私たちは、生活のパターンが決まっているよね。毎朝同じ時間に起きて、朝の家での行動は決まっていて、同じ時間に家を出て、同じルートを通って駅まで行って、電車も同じ時間の同じ車両に乗ったりしていないかな？　そして職場につけば、いつも同じメンバーと話をしているよね。

つまり、**マンネリ化してしまう**んだ。そうすると、いつの間にかパターン化したものの見方しかできなくなってしまい、そうなっていること自体に気がつかなくなってしまう。

私たちが普段「異質」だと感じるものに出会うことって、意外とあるようでないものなんだ。だからこそ、普段の日常生活の中で異質なものに出会う体験を意識して作ってみて欲しいんだよね。

では、**「異質」とは何なのかというと、「私たちの当たり前の外にあるもの」**だと考えると分かりやすいと思うよ。

【ミニワーク 6−1】

ここまでの学びをふまえて、あなたの通常の生活パターンを考えてみましょう。マンネリ化していませんか？　振り返って気づいたこと（うまくいっていること、いっていないこと、今後気をつけたいことなど）を書きだしてみましょう。

言われてみて、あらためて振り返ってみると、私たちの生活って驚くほどパターン化してマンネリ化しているんですね・・・。この生活が長くなると、本当にものの見方や考え方が固定化してしまいそうな気がします。

そうなんだ。**気がつかないうちに固定化してしまうんだよ**。だから厄介なんだね。

さて、「私たちの当たり前の外にあるもの」って、一見すると「なんだこれ！　とんでもない！」と思えたり、自分たちには全然関係のないようなものに見えて「自分とは世界が違う！」などと無視してしまったり、拒絶したくなることもかもしれないよね。でも、そうではなくて、**「あ、面白いなぁ！　こういう世界もあるんだ」と受け止めて**みて欲しいんだ。

その際のキーワードは**「仕組み」や「目的」**を見るということなんだ。

要は、**「どういう仕組みでその業界ではおこなわれているんだろう」「それは何のためにやっているんだろう」と、押さえどころがわかると自分たちの仕事や生活に応用することができるんだよね。**

つまりは、「本質をとらえる」ということだね。本質をとらえることの重要性は、これまでにも何度も扱ってきたよね。

④ひらめき

「ひらめき」はこのようなシステムで生まれるんだ。

私たちは「自分たちの当たり前」の中で暮らしているので、その当たり前の外にあるものに目を向けて、交流をしたり見聞きしたりすることで視野が広がっていくんだ。だからこそ、日頃から問題意識をしっかり持って世の中をキョロキョロしたり、あるいは自分たちの外にも目を向けてみたりすることが大切なんだね。

そして、**ひらめきが生まれたら、忘れないようにその場ですぐにメモを取るんだ！**

あ！　だから、メモの取り方のポイントの一つ目は「思いついたり、重要だと思ったことは、その場で書く」という表現だったんですね！　今更ながら、課長からの学びは深いと思います！

オオタさん、いいところに気づいたね。一つ目の表現を単に「重要だと思ったことはその場で書く」にしなかったのは、まさにそういうことだね！

【ミニワーク 6－2】

「ひらめきを生むシステム」を日々の生活で実践してみましょう。

①まずはあなたの問題意識は何でしょうか？

②その問題意識について、「どうしたら良いか」を真剣に考える時間を作りましょう。
その問題意識をしっかりと頭の中に持って、日々を過ごしましょう。

③「自分の当たり前」の外にある人やものごとに出会うことを意識して、行動してみましょう。

④ひらめいたアイデアはどんどん記録しましょう。

⑤そして、実施して気づいたこと（うまくいったこと、いかなかったこと、今後気をつけたいことなど）を書きだしてみましょう。

※このワークの内容は、あとのセッションで活用しますので、ぜひ実施してください。

2 若手社員の役割をあらためて考える

ずっと「ひらめきを生むシステム」について紹介してきたけれど、何のためにおこなってきたかについて、話をしようか。

その前に、オオタさんに質問するよ。オオタさんは入社3年目の、いわゆる「若手社員」だよね。では、**「若手社員」として、オオタさんに期待されていることって何だっけ？**

えー、まずはしっかりと仕事を覚えて、第一線の戦力として活躍できるようにすることじゃないでしょうか。あとは・・・何でしたっけ・・・。

そう、それは一つだね。でも、まだ二つあるよね。これは実は、最初のミーティングの時に伝えているんだよ。でも、その頃オオタさんはメモをきちんと取っていなかったから、しっかりと覚えていないんだね。そこは反省点だね。

オオタさん（若手社員）に期待する3つのこと
①業務をしっかり覚え、職場の目標達成に貢献すること
②職場のメンバー間でコミュニケーションを取り、チームの一員として活動すること
③現場のリアルな声を伝えたり、改善案を提案したりすること

これはほかの企業や自治体でも、一般的に若手社員（職員）と言われる人たちに期待される共通のものじゃないかな。

ここまでのミーティングで一緒に考えてきたことは、すべて①〜③のどれかを強化するために役立つ内容だったんだ。もちろん、まだ途中なので、これから扱いたい内容もあるんだけれどね。

ここまでやってきた内容・・・たとえば、「目的を明確にして考えること（プロローグ：ファーストミーティング）」や「メモ力を高めること（1日目）」「振り返りの重要性（2日目）」は①につながるし、「問題意識をたかめること（3日目）」は③につながるんだね。「本質をつかむこと（4日目）」は②のコミュニケーションにつながっていたし、5日目もまさに②だね。そして先ほどまで扱ってきた「ひらめきを生むシステム（6日目）」は、もちろん問題解決とつながっているので、③だね。

はい。やはりメモを取っていないと、覚えていないですね・・・。もう二度とそんな状態には戻しません！

課長の話を聞いていて驚きました。ここまで学んだ内容は一貫して「自分に期待されること」につながっていたんですね！　毎回、このミーティングはとても勉強になるので、いつも楽しみにしていたんです。学んだことは日々の職場生活でもそのまま活かせていました！　この間もお話ししましたが、まさに「とびっきり最高の研修」を受けることができて、嬉しいです。

そうだね。**学びは活用してこそ価値があるから**ね。単にストックしておくだけだともったいないよ。**知識というものは、使わなければいつの間にか忘れてしまう**し、なにより、**行動しなければ自分の人生が何も変わらない**からね。

はい！　活用すると言っても、1～2回だけ使っただけでは、結局身につかないんですよね。だからこそ、課長もおっしゃってましたが**「習慣化」が大切**なんだと思います。

そのとおりだね。まだまだ私たちは学びの途中にいるけれど、良いと思ったことは貪欲に取り入れて、新しい習慣にしていってほしいんだ。それがまさに「成長する」というこ

となんだね。

さて、先ほどの「オオタさんに期待する3つのこと」の③を思い出してほしいんだ。

ずっとここまで問題意識について扱ってきているけれど、つまりは、**問題意識を高めて、「③現場のリアルな声を伝えたり、改善案を提案したりすること」**だったね。

オオタさんなりの目線で、業務の提案をドンドンしてほしいんだよね。それが**若手社員であるオオタさんの大切な仕事の一つ**なんだ。つまりね、ただ**「言われたことだけをやっている」だけでは、上司から見れば物足りない**ということなんだね。

あぁ、私の2年目の評価が下がった理由は、それかもしれませんね・・・。

課長に提案しても頭ごなしに否定されるので、もう何も言わなくなってしまったんです。しかも②のコミュニケーションも取っていませんでしたから・・・。自分としては仕事は一生懸命やっていたつもりだったんですけど、ミスも多かったので上司から見れば高く評価できないですよね・・・。

私はアラカワ課長じゃないから正確なところはわからないけれど、たしかに、そうかもしれないね。

1年目の人には、まだまだそこまでは期待できないよね。まずは仕事についていくのに必死だから。でも、リアルな声を発することぐらいはできるかもしれない。

2年目の人も、似たような状況かもしれないね。これは先日二人で考えたけれど、まだまだミスもあるかもしれないし、業務も完璧にできていないかもしれない。

でもね、だんだん業務や職場がわかってくると、いろいろと見えることがあるはずなんだ。まだまだ**業務や職場を新鮮な、客観的な目で見ることができるはず**だよね。

それを教えてほしいんだよ。なんでだと思う？


理由は2つあるんだ。一つは、**ベテランになると「自分の当たり前」や「自分たちの当たり前」にハマってしまって、新鮮な目で業務や職場を見ることができなくなってしまいがち**だからなんだ。私はまだ異動してから間がないから、新鮮なものの見方ができているけれど、長い間同じ環境にいると、そうもいかなくなるよね。気をつけていないと、**「固定観念」にハマってしまう**んだ。


もう一つの理由は、**マネージャー職になると、次第に現場から遠くなってしまう**からなんだ。プレイングマネージャー（注6）ならばともかく、マネジメントのみを担当していると、次第に現場が見えなくなりがちなんだ。

だからこそ、**若いメンバーのリアルな感覚はとても価値あるもの**なんだよ。


注6）プレイングマネージャー：「現場のプレイヤーとして実務を担当する立場」と「管理職としてのマネジメント業務を担当する立場」の両方を担う立場のこと

そうなんですね！　実務を担当している私らの声も価値があるということなんですね。とても励みになります！

うん、大ありだよ！　だからこそ、「③現場のリアルな声を伝えたり、改善案を提案したりすること」はとても重要な役割なんだ。

わかりました！　ぜひ私が感じたことを発信します！

【ミニワーク 6−3】

若手社員ならではの新鮮な目線で、職場や業務を見つめてみましょう。「変だと感じていること」「もっと改善できると感じていること」などを、自由にリストアップしてみましょう。

なかなか書けない場合は、脳に宿題をだして、しばらく過ごしてみましょう。

※このワークの内容は、あとのセッションで活用しますので、ぜひ実施してください。

3 上司への提案が通るようになるには？

さて、そうは言っても、以前のオオタさんのように、**上司に提案や意見を言っても、頭ごなしに否定されてしまう**・・・という状況もあるかもしれないよね。

はい、そうなんです！「何言ってるんだ、無理に決まってるだろう」とか、「お前に何がわかるんだ！」と言われたこともあります。

なんで否定されたんだと思う？

えー、全然わからないです。だから2年目のときに苦労したわけで・・・。

でも、自分の答えを出したほうがいいですよね。きっと、ここまで学んできたことにヒントがあるんだと思うんです。

あ、「**アラカワ課長の当たり前**」と「**私の当たり前**」**が違った**・・・ということじゃないでしょうか。きっと、「**課長の立場でのものの見方**」と、「**入社2年目の私のものの見方**」**は全然違う**のではないかと思います。だから、「何言ってるんだ」と拒絶された・・・。

うん、私もそう思っていたんだ。いいところに気がついたね。これは実はとても重要なポイントなんだよ。

私はいつも、現場の「生の声」を大切にして、部下が持ってくる提案の「本質」の部分をとらえてそれを活かそうと心掛けているけれど、上司によっては、そんなことをしてくれないからね。なぜなら、現場も大変だけど、課長職も大変なんだ。調整事項が多いし、成果へのプレッシャーもきついからね。そして、**部門全体をみなければならない**。だから、そこまで**部下に気を配ってくれない人も多い**んだ。それがいいかどうかは別の話だけどね。

それに、先ほど言った**「固定観念」に知らずとハマっている人も実は多い**んだ。ベテランだから、高い見識を持っている。だけど、それが本当に正解かどうかはわからないんだ。**私たちの常識の外にも正解があるかもしれない**からね。だから、「たかだか2～3年目に何がわかるんだよ」と頭ごなしに言うような人は、「自分の当たり前」にハマってしまっている可能性もあるよね。もしかしたら、自分が持っていない新しい視点の意見かもしれないのに、それを拒絶してしまうのは、本当にもったいないことだと私は思っているけどね。

そういう背景があるから、部下が頑張って提案をしても、上司としては「無理だ、そんなの」「ダメだダメだ！」「以前それをやって失敗したんだよ」「お前のチームだけ特別扱いなんかできないだろ！」などと言いたくなってしまうんだ。ここまでは理解できるかな？

はい。私たちとは全然立場が違うことを改めて実感しました。

だから、**ただ思い付きで上司に提案しても、うまくいかない**んだよ。「提案力を高める」ことが重要なんだね。せっかく提案しても通らずに終わってしまうのは、もったいないし、意見や提案がきちんと受け止めてもらえると、モチベーションが上がるよね。だからこそ、**提案力を高めるポイントを学ぶことで、たとえ上司が変わったとしても提案が通るような力を身につけて**いこうよ。

はい！　そういうポイントが学べるのでしたら、喜んで聞きたいです！
ぜひ、知りたいです。

人に提案をするときは、次の**「3つのものごとのとらえかた」のポイントをしっかり押さえながら伝えると、説得力が変わる**んだ。最初の2つはとても有名な言葉だよ。

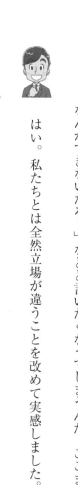

■ 説得力を高める「3つのものごとのとらえ方」

①視点：どのような点でものを見るか（着眼点）
　　→ポイントを明確にする／複数の切り口で考える

②視野：どれくらいの広さでものを見るか
　　→全体を見る目を持つ／時間軸で考える

③視座：どれくらいの高さ・立場でものを見るか
　　→違う立場でものを見る（上司・先輩／後輩）

①視点：どのような点でものを見るか（着眼点）

「視点」は、**「目のつけどころ」「着眼点」**のことだね。提案には、必ず今までとは違う観点が入っているはずだよね。それを相手に明確に伝えることが重要なんだ。**「この提案の何がポイントなのか」**をしっかり伝えよう。

逆に言えば、何がその提案の付加価値なのかが伝わらないものは、通らないということだよ。「え、要は何が言いたいの？」などと言われないようにポイントをしっかり整理しよう。

このことは、提案に限らず、**日常のホウレンソウでも同じ**だよね。

また、一つの視点だけにとらわれてしまうと、他の人からすれば「〇〇については考えているの？」と言われてしまうよね。だから、**いろいろな切り口、つまり複数の視点でものごとを検討しておく**ことも大切なんだね。

【ミニワーク 6−4】

ここまでの学びをふまえて、普段の自分の伝え方を振り返ってみましょう。

しっかりと「視点」を明確にして伝えていますか？

また、これから人に情報を伝える際に、「視点」を意識して伝えてみましょう。

実施して気づいたこと（うまくいったこと、いかなかったこと、今後気をつけたいことなど）をメモしておきましょう。

②視野：どれくらいの広さでものを見るか

この言葉も有名だね。「視野」は**ものごとを見るときの「広さ」**なんだ。

まずは、自分のものを見る範囲を広くして考えよう。これはすでに紹介したけれど（P89）、**自分の業務だけではなく、職場全体、会社（自治体）全体、業界全体、世の中全体・・・を見る**ことは重要で、そのことによって、さまざまなものが「自分ごと」としてとらえられるようになるという話だったね。

そうやって**視野を広げておくと、説得力が変わる**んだよ。

単純に言うのであれば、たとえば上司への提案時に、ただ「○○をやりたいです」と言うよりも、「△△チーム（や部門）でもチャレンジしていますが、私たちも○○を取り入れたいんです」とか「ライバルの××社では、○○の取り組みを始めています。私たちも、今のうちに○○を検討しませんか？」とか「今、世の中では□□が起きています。だからこそ、私たちは○○の準備をすべきだと思うんです」と言ったほうが、はるかに納得感が高いよね。

もちろん、当社の外にいる**お客様の生の声などをふまえて提案する**ことも、価値が高いよね。

たしかにそうですね！　なぜそれを提案したいのかがより伝わるようになりますよね。
みんな**自分の当たり前で話してしまうので、そういう背景などは飛ばしてしまう**んですね。
もちろん、自分たちのことしか見ていなければ、ピント外れな提案をすることもあるわけで・・・。

そのとおりだね。上司は日ごろから視野を広くものを見るようにしているから、単に「自分や自分たちの都合」だけで提案されても受け入れることができないんだ。

さて、「視野」にはもう一つの観点があって、それは**「時間軸」**なんだ。

時間軸とは、過去→現在→未来でものごとを考えるということだね。

過去は「今までの経緯」、現在は「いま取り組んでいること」、そして未来は「これからの変化の予測」ととらえるとわかりやすいんじゃないかな。

提案をするときには、時間軸を意識した話し方もわかりやすいね。

はい。たとえばこのような伝え方をするということですね。
「今まで私たちは△△に取り組んできました（過去）。そして今は□□への対応に追われています（現在）。しかし今後は○○が求められてくるはずです（未来）。ですから、今から○○への準備をすべきだと思うんです（提案）」

そうなんだ。単に「○○の準備をすべきです！」と言うだけよりも、**はるかに受け入れてもらいやすくなる**んだ。

「視点」とか「視野」という言葉は今まで聞いたことはありましたけど、ここまできちんと意識したことはなかったです！

でも使えるようになると、提案をおこなう際の「武器」になると感じました。

ぜひ身につけていきたいです。

【ミニワーク 6－5】

ここまでの学びをふまえて、自分が広げてきた「視野」の情報を入れながら、周囲の人に情報を伝える練習をしてみましょう。

まずは職場の同僚など、近い人で練習してみましょう。

実施して気づいたこと（うまくいったこと、いかなかったこと、今後気をつけたいことなど）をメモしておきましょう。

4 「視座」を変える習慣は、これから大きな力になる

さて、3つ目の「視座」がこの中では特に重要だと思っているんだ。「視座」という言葉は、ふだんあまり耳にしないかもしれないけれど、今後のオオタさんにとって、とても重要な考え方になると思うよ。

③視座：どれくらいの高さ・立場でものを見るか

「視座」とは、**ものごとを見る高さや立場**のことなんだ。

オオタさんは入社3年目だよね。ふだん仕事をするときには、「3年目の自分」の立場でものごとを見ていると思うんだ。

でも、その目線だけで話をしても、上司はなかなか説得できないんだよね。

なんとなくわかります。先ほどの話にヒントがありますよね。**「上司の当たり前」と「部下の当たり前」は違う**・・・。

そのとおりなんだ。3年目としての新鮮な目線はもちろん重要。でも、**上司に話をする**

注7）コーチング：「自ら考え、自ら解決法を見つけ出し、自ら行動に移す」ための活動を支援するためのコミュニケーションスキル。質問によって、相手の考えを引き出し、相手が自ら行動できるようにすることが大切。

ときには、「目線を上げて考える」ということなんだ。

先ほども話したけれど、上司は部門全体を見ているわけだね。

だから、もし3年目としての一担当者目線だけで提案をしてしまうと、上司はどう感じると思う？

はい、自分が上司だったとしたら、「話はわかるが、そんなものは一部の話だろう。君のチームだけを特別扱いすることはできないよ」と思いますね。
これって、以前アラカワ課長から言われたことそのまんまなんですけど・・・。

そうなんだ。いいところに気がついたね。
まぁ、上司側も「部下に対するものの言い方を工夫するべき」だと思うけどね、たとえばコーチング的な手法（注7）を活用して部下の話をしっかり聴いて、さらに成長まで導くことができたら最高なんだろうけれど、正直言って**そういう上司は稀《まれ》**だからね。
だから、こんなことを言うと他の上司からは怒られちゃうかもしれないけれど、**上司に過度な期待をしないほうがいい**んだ。前も話したけれど、一般的にベテランになると頭も固くなって柔軟性がなくなってくるから、コーチングなどを学んでもなかなか自己流から出ることができないんだ。

ではどうしたらいいかと言えば、**部下側も「上手に上司を納得させる方法」を持っていたほうがいいということ**なんだ。

つまり、先ほどオオタさんに質問したみたいに**「自分が上司だったら、その提案をどう思うか？」をしっかり考えることが大切**なんだ。

言い換えると、**自分がものを見るときの高さ（＝視座）を上司レベルに高めること**なんだ。

その際のポイントは２つ。

a．部門全体を考えてみる

ここまでずっと話に出ているけれど、上司は部門全体を見ているから、一部の話だけをしても納得してもらえないことはわかるよね。

だから、自分の提案を全体目線でとらえたとき、どういう影響があるのかを事前にしっかりと考えておこう。たとえば、**「この提案は、自分たちのチームだけでなく、他のチームにも活かせるものです」**と言えたらベストだろうし、**「この提案は、自分たちのチームだけにあてはまるものかもしれませんが、課全体に大きなプラスの影響をもたらします。なぜなら・・・」**などと言えたら課長もまじめに受け止めてくれるよね。

そうですね。全体目線でものを見るって大切だってよくわかりました。

たしかに、私にはこの目線はなかったです。

もう一つポイントがあるんだ。これはなかなか思いつかないかもしれない。

b. 意思決定者の目線になる

視座を上げて考える際にもう一つ重要なのが、**課長以上の役職者は「意思決定者」**だということなんだ。

オオタさんも課長になったつもりで考えてみようか。部下から提案が出てきたとするよね。それをOKにするかNGにするかの意思決定は、どんな観点で考えるかな？

そうですね・・・。自分が意思決定者だとしたら、先ほどの「影響力」については考えますね。**職場全体に価値を生むものかどうか**は重要ですね。

あ、それから「お金」も気になりますね。

経費がどれくらいかかるかは気になります。

あとは・・・、**「実現性」がどれくらいあるか**とかですかね。夢物語みたいな話を言われても困りますから。

そうだね。**上司になったつもりで考えてみると、ものごとの見え方が変わってくる**んじゃ

■ 上司が意思決定の際に意識すること

【大前提】
・経営方針との一致感
・コンプライアンス遵守

【提案のメリットとデメリット】
①提案によって得られるプラスの価値（＝成果）
・売上、効率化、品質、スムーズな連携、
外部へのアピール、メンバーのモチベーション、など

②提案によって生まれるマイナスの価値（＝リスク）
・コスト、実現までの障害の大きさ、
グループ間の不公平感、など

…などを総合的に検討して意思決定を行う

ないかな？　これが**視座を高めることの価値**なんだ。

さて、意思決定者として上司はさまざまなことを考えるわけだね。意思決定すべきこともたくさんあるし。ここでは、課のメンバーからの問題解決の提案に対する意思決定という観点で考えてみよう。

結局は、**その提案による「メリットがどれくらいあるか」と「デメリットがどれくらいあるか」のバランス**だと思うんだ。

もちろん、その大前提があるよね。**「会社の方針（経営方針）」とズレがあってはいけないし、コンプライアンス違反やハラスメントにつながるようなこともできない**からね。

だから、日頃から「視野」を広げて、会社や部門に意識を向けることが大切なんですね。

そのとおりなんだ。会社や部門でどのような方針が出ているのか、そして同時に、企業人としてしてはいけないことをしっかりと押さえておく必要があるよね。

さて、提案のメリットとデメリットだけれど、メリットというのは**「成果」につながるのか**ということだね。部門によっても違うけれど、**売上・生産性・品質・相互連携の向上にどれくらいつながるのか**ということは重要だね。提案によっては**「外部へのアピール」**につながったり、「課メンバーのモチベーション向上」につながるかもしれないね。こういったものはなかなか数値化して価値を示しづらいものだけど、具体例などを入れて伝えることで理解しやすくなるよね。具体的に「△△が○○に変わります」とか。

要は、**さまざまなメリットをしっかりとアピールしたほうがいい**んだ。

デメリットについては、**何が「リスク」になるのか**ということだね。先ほどオオタさんも言ってくれたけれど、どんなに素晴らしい成果を生む提案でも、**莫大なコストがかかってしまうのではOKを出せない**よね。実現までに障害が多すぎる提案も敬遠されてしまう。

さらには、部門全体に成果が生まれない場合は「なんであのチームばかり・・・」という不満が出ないようにする必要がある。

ただ、こういったデメリットに関しては、メリットのほうが遥かに大きいことをアピールしたり、リスク対策をしっかり考えておくことで上司のＯＫをもらえる可能性もあるんだね。

だからこそ、**事前にメリットとデメリットをしっかりと考えておかなければ、その場で上司から突っ込まれて終わってしまう**わけだ。

言われていること、すごくよくわかります！
思い付きレベルで提案しても、上司からの厳しい突っ込みに耐えられないんですよね。
それで提案そのものをあきらめてしまうんです。

そうなんだ。視座を高めて上司の立場で考えなかったがゆえに、せっかくの良い提案が通らないのはもったいないことだよね。

さて、そうは言っても、いきなり上司目線まで視座は上げられないよね。
どうしたらいいと思う？

はい。**日頃から上司に興味を持って観察をしたらいい**のではないかと思いました。

今までは、上司を「自分とは全然違う生き物」みたいな感覚で遠くから何となく見ていたんですけど、**「自分とは違うからこそ、学べる教材なんだ」**と考えるのがいいのではないかと思いました！　これは先日のミーティングでもテーマになりましたが・・・。

そして、**提案力が高まると、きっと仕事が今まで以上に面白くなる**と期待しています。

いいところに気がついたね。上司を日頃から観察することはとても大切なことだね。

上司がどのようなことに関心を持っているのか、どのように職場をリードしようとしているのか、ミーティングなどでどんな発言をしているのか、上司は日々どんな勉強をしているのか・・・。

中には反面教師になる上司もいるかもしれないけれど、良くも悪くもすべてが自分の学びの教材になるんだ。

そういう観察をすることが、今後のオオタさんに求められてくる**「次期リーダー候補」としての素養にすべてつながっていくんだ**。もちろん、今まで以上に仕事も面白くなるはずだよ！

視座は、低くすることにも価値があるよ。たとえば、**新入社員を指導するときには、新人目線で考えることで、より本人に寄り添った指導ができるようになるんだ**。

【ミニワーク 6−6】

ここまでの学びをふまえて、ミニワーク6−2（P182〜183）とミニワーク6−3（P190）で考えた自分のアイディアを職場の上司に提案できるレベルにブラッシュアップして（練り上げて）みましょう。そのために「視座」を高めて検討してみましょう。

実施して気づいたこと（思いついたこと、効果的な説得ポイントなど）をメモしておきましょう。

6日目のまとめ

☐ 問題意識を高く持つことが、ひらめきへの第一歩となる。そして、問題意識が頭の中でしっかりと残っている「脳の宿題状態」になっていれば、他に違うことをやっていたとしても、ひらめきが生まれるようになる。
「宿題状態」を作るには、5分でも10分でも真剣にどっぷりと自分の問題意識について考える時間を作ることが大切。これにより、脳の内圧が高まり、問題意識が脳の中に残るようになる。

☐ 「異質なものや体験と出会う」ことも、ひらめきの役に立つ。我々の「当たり前の世界」の外にあるものごとが、大きなヒントになることも多いものだ。

☐ 「異質なものや体験」は、一見すると自分たちには全然関係のないようなものに見えて、無視をしたり、拒絶したりしがちだ。しかし、「あ、面白いなぁ！　こういう世界もあるんだ」と受け止めてみて欲しい。
その際には、「仕組み」や「目的」を見るようにしよう。
そして、生まれたひらめきやアイデアは、その場でメモに必ず残すようにしよう。

☐ 「現場のリアルな声を伝えたり、改善案を提案したりすること」は、若手社員に求められる大切な仕事の一つだ。業務や職場を新鮮で客観的な目でとらえ、それを上司に伝えてほしい。
若いメンバーのリアルな感覚はとても価値あるものなのだ。

☐ とは言え、上司に提案や意見を言っても、頭ごなしに否定されてしまった経験をした人もいるかもしれない。それは、「上司の立場でのものの見方」と、「若手社員のものの見方」は全然違うからだ。
だからこそ、どんな上司に対しても提案を通せる力を身につけてほしい。

☐ 人に提案をするときは、「①視点」「②視野」「③視座」の3つの観点をしっかり押さえよう。
①「視点」は、「目のつけどころ」「着眼点」のことだ。「この提案の何がポイントなのか」を明確にしたり、複数の視点でものごとを検討しておくことで説得力が高まる。

☐ ②「視野」はものごとを見るときの「広さ」のことだ。自分の業務だけではなく、職場全体、会社（自治体）全体、業界全体、世の中全体、さらには「時間軸」などを見ることで、説得力が変わる。

☐ ③「視座」とは、ものごとを見る「高さや立場」のこと。上司に話をするときには、目線を上げて「上司の立場」でものごとを考えることが重要だ。まず部門全体を考えてみよう。自分の提案を全体目線でとらえたときに、どういう影響があるのかを事前にしっかりと考えておこう。

☐ また、課長以上の役職者は「意思決定者」であり、上司が意思決定の際に何を基準にしているかを知っておこう。まずは、「会社の方針（経営方針）」に沿っているか、「コンプライアンス違反」がないかは最低限押さえる必要がある。その上で、その提案による「メリット」と「デメリット」を明確に説明できるようにしておこう。

☐ 「視座」を高めるためには、上司の言動を日頃から観察しよう。上司を「自分とは違うからこそ、学べる教材だ」と考えてみよう。
こうしたことが、今後求められてくる「次期リーダー候補」としての素養につながっていく。

☐ 提案力が高まると、仕事が今まで以上に面白くなる。そのためにも、「視点」「視野」「視座」を意識してみよう。

7日目（最終日）

時間を上手に活用して、さらに大きく成長していこう

1 勉強が後回しになってしまうのは、なぜだろう

（上司）

オオタさん、そういえば以前、ちらっと「資格試験にチャレンジしたい」（P66）って言っていたよね。その後、何かやっているのかな？

（部下）

いいえ・・・。正直言って、何にも進んでいないんです。

そうなんだ。何にも進んでいないんだね。ちなみに、チャレンジしたいと言ったその日は、何か行動した？

いえ・・・。すみません、何もしなかったんです・・・。

別に責めているわけじゃないんだよ。ただ、これまでのミーティングでやってきたみたいに、ここから「学びを抽出」してみようよ。そうすれば、**この現実はとても価値のある「大成功の失敗」**になると思うよ。

ありがとうございます。
そうですね、**現実からしっかりと学ぶ**ことって大切ですよね。

うん。では、さっそく振り返ってみよう。
さて、「資格試験にチャレンジしたい」というのは、素晴らしいアイディアだと思うんだけど、結果として行動するまでには至らなかったよね。何かわけでもあるの？

はい・・・。「やらなきゃ」とは思いつつも、日々の業務に追われて、結局忘れてしまったんです。資格試験のことを思いついた日は、すごく忙しくて、課長とのミーティングが終わったとたんにバタバタしてしまって、資格についてはメモをしないで終わってしまったんです。結果として、そのまま忘れていました。

なるほどね。でも、**このパターンってよくありがち**だと思わないかい？
今回の件に限らず、起こりがちだよね。

そうなんです。忙しいと、いろいろなことが後回しになってしまうんです。
特に勉強したりするのは、後回しになってしまいがちですね・・・。

【ミニワーク 7－1】

　ここまでの学びをふまえて、あなたの日々のパターンを考えてみましょう。

　資格試験へのチャレンジも含め、自分の勉強時間を後回しにしていませんか？

　振り返って気づいたこと（うまくいっていること、いっていないこと、今後気をつけたいことなど）を自由に書きだしてみましょう。

2 「優先順位」の考え方をしっかり意識しよう

実はね、**勉強が後回しになってしまうのには、理由があるんだ。**
オオタさんは、**仕事の優先順位**はどうやって決まると思う？

締め切りが迫っているものが優先度も高いのではないでしょうか。やはり、納期が近いとそちらを優先しますよね。

そうだね。締め切りが間際のものを優先しないと、納期や期限に間に合わないからね。
これはタイムマネジメントでよく言われることなのだけど、**優先順位は「緊急度」と「重要度」で決まる**んだ。

「緊急度」と「重要度」ですか。「緊急度」というのは、先ほどの「締め切りが迫っているかどうか」なのでしょうか。

そうなんだ。図で考えるとわかりやすいと思うよ。その仕事の**「重要度」が高いか低い**

■ ものごとの優先順位を決める2つの切り口

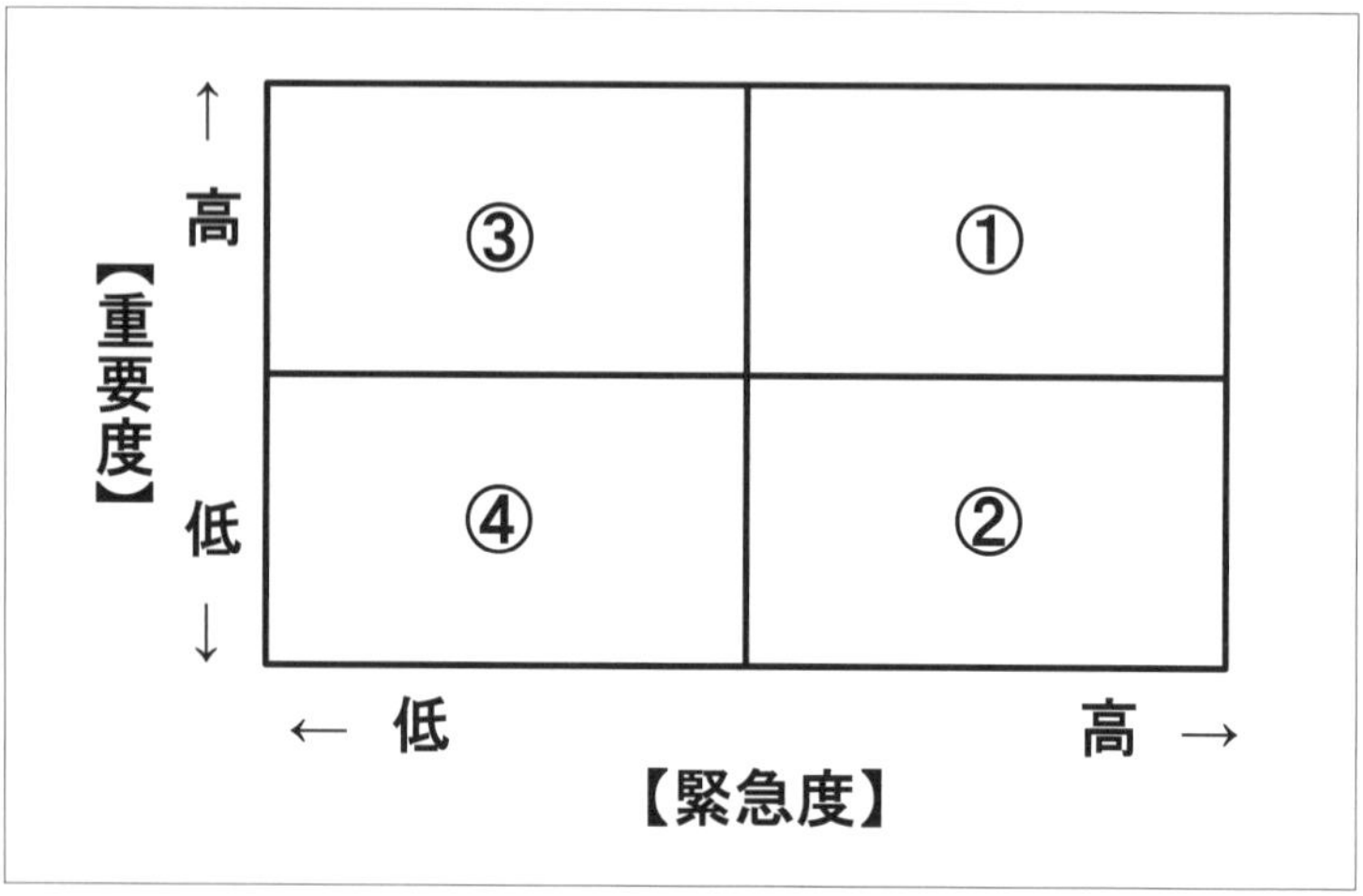

かを縦軸、「緊急度」が高いか低いかを横軸にしてみよう。日々の業務はこの4つのどこかの領域に当てはまるよね。

さて、こうやって考えた時、4つの領域の優先順位はわかるかな？

優先順位が最も高いのは①ですよね！重要度も緊急度も高いわけですから、とにかく急いでやらないといけないですよね。

問題は②と③のどちらを2位にするかなんですけど・・・、やっぱり、緊急度の高いものを優先しないといけないと思うので、②が2位ですかね。

結局、**優先順位は①→②→③→④の順番**なのではないかと思います。

そうだね、そのとおりなんだ。しっかり手順を追って考えられていると思うよ。
では、これから言う4つの業務は一般的に考えて、①から④のどの領域だと思う?

a. **定例ミーティング**
b. **現場のトラブル対応**
c. **ちょっとしたお客様からの問い合わせ**
d. **自己成長のための勉強**

えっと、aは以前は④だと思っていました。スギナミ課長になってからはミーティングの意義がわかったので③だと思うんですけど・・・。定期的に集まることに価値もあるんでしょうが、惰性でやっているんじゃないかって、以前は思ってたんです。

bは①ですよね。とにかく急いで解決しないといけないですし、お客さまや周囲への影響も大きいので、重要性も高いと思います。

cは②じゃないでしょうか。実は、大して重要じゃないと思える質問をされるお客様って意外と多くて、それに使う時間もばかにならないんです。

でも、早く対応しないといけない・・・。

dは③だと思います。**自分のレベルアップはとても重要ですけど、緊急性は低いので後回しになる**という・・・あ！

だから、資格試験の勉強とかって、ついつい後回しになっちゃうんですね！

そうだね。いいところに気づいたね。
いまの話をふまえて、改めて①から④を考えてみようか。

まず**①の領域は、しっかりと対応**しないとならないことは理解できると思うんだ。で、②は「対応はしなければならないけれど、さして重要ではない領域」なので、**できるだけ短時間で効率よく対応する**ことが重要なんだ。

先ほどの例にあった「ちょっとしたお客様からの問い合わせ」などは、**そのようなことが起こらないように、日頃から手を打っておく**必要もあるよね。そうすることで、「突然ふりかかってくる重要でない仕事」に振り回されなくても済むようになるんだ。

なぜなら、**②で振り回されてしまうと、③の時間が無くなってしまう**からなんだ。これは、プライベートでも全く一緒のことが言えるよね。

先ほどオオタさんが言っていたみたいに、③の領域は「重要だけれど緊急ではない」ため、どうしても後回しになってしまう。ここが落とし穴なんだ。つまり、いかに日頃から**③の時間を作るかを考えて行動していないと、永遠に③には取り組めないことになる**よね。

私は今まで、そうやって「目の前のことに振り回されて成長が止まってしまった人」をたくさん見てきたんだよ。「人は自分の当たり前にハマる」という話はもう何度もしてきているけれど、**「勉強をおろそかにする習慣」が当たり前になってしまった人の末路は悲惨**なんだ。

専門性も高まりきれず、世の中に対するアンテナも低く、他人から学ぶ姿勢もない人は、ビジネスパーソンとしてどう考えても魅力的じゃないよね。

その道の本当に一流と言われている人たちは、みんな見えないところで真剣に勉強をしているんだよね。そのための時間をちゃんと作っている。

自分から時間を作ることが大切なんだ。「仕事が楽になったらやろう」ではなくてね。「今からやる」姿勢が、成長する自分を作るんだよ。

今の言葉、グサッときました。こういうのって、言ってもらえるうちにやらないと、きっと何も変わらないんでしょうね。

それで、**本人が気づかないうちに、誰も何も言ってくれなくなってしまう**・・・。

そのとおりなんだ。だからこそ、まずは今の自分の時間の使い方を見直すことから始めてみよう。

自分として、**時間の使い方で改善できる点はないか考えてみよう**。どうしても**一人では解決できないものは、上司や先輩に相談して巻き込んでいこう**ね。提案をするときのコツについては、すでに学んできたよね。

【ミニワーク 7－2】

ここまでの学びをふまえて、あなたの業務を振り返ってみましょう。

先ほどの4つの領域に、「通常取り組んでいる業務」や「前後1週間ぐらいの間に取り組んでいる業務」など具体的なタスクを当てはめてみましょう。そして考えられる対応（もっと上手に時間を使うためのアイディア）を自由に整理しましょう。

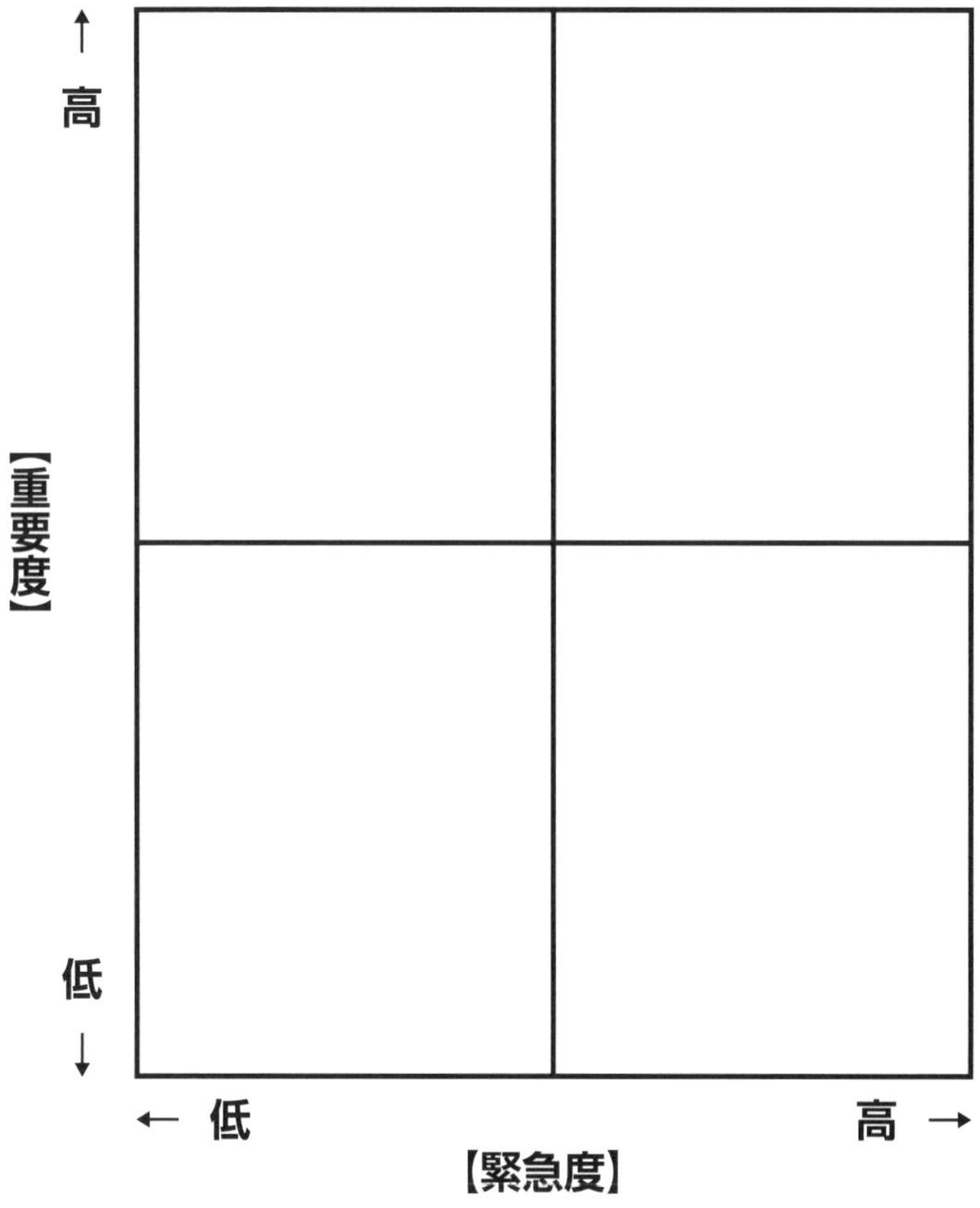

3 「ゴール思考」と「小さな一歩」の両方が大事

資格試験へのチャレンジにしても、専門分野の勉強にしても、視野拡大の行動しても、まずはしっかりゴールを描くことが大切だよね。

以前、「目的から行動する」ことの重要性について考えたけれど、**「自分は何のために勉強（成長）するのか（＝目的）」「自分はどんな姿になりたいのか（＝ゴール）」をしっかり考えることで、成長のモチベーションになっていくんだ。**漠然と取り組んでも、続かないよね。

とは言え、**「ゴールや目標が大きいもの」や「ゴールまでの道のりが長いもの」は、何から手を付けていいかわからなくなってしまったり、「そんな遠いところに行くのは絶対無理！」とあきらめてしまったりしがちなんだ。**資格試験などでも、高度な資格は「こんな難しい資格、合格するなんて絶対無理だ！」なんて感じたりするよね。

それはすごくよくわかります！　私は、スギナミ課長みたいにズバリと本質を捉えたり、部下の話をきちんと聴きだせるようになりたい・・・ってあこがれているんですけど、道

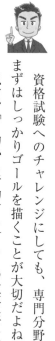

のりが遠すぎて「やっぱり無理なんだろうなぁ・・・」って思ったりしますから。

そう感じるのも、無理ないよね。私とオオタさんでは、人生の経験年数が大きく違うからね。でもね、**「これを実現したい」という「思い」をきちんと持って「行動」していけば、必ずそうなっていける**んだよ。

私にも「この人みたいになりたいなぁ」って思っていた上司がいたけれど、最初はどうしたらいいのかさっぱりわからなかった。でも、思いは強かったから、**「まずはこの上司から自分なりにたくさん学ぼう」と思ったんだよね。**その積み重ねが今につながっているんだ。典型的な昭和型の上司だったけれど、部下の話をちゃんと聞いてくれたり、部下が自分で考えるような適切な質問を投げかけてくれたんだ。だからこそ、今の自分がいるんだと思っているよ。

さて、いま「思い」と「行動」という話をしたけれど、**自分のゴールがたとえ遠かったとしても、もっとも大切なことは「まずは行動を始めてみること」**なんだ。**どんな小さなことでもいい。自分のゴールのために役立つ行動を何かやってみよう。**

逆に、いきなり大きなことに取り組もうとしたり、一日で一気に行動しなくちゃとか思うと、嫌になっちゃうよね。続かなくなるし、疲れちゃう。

最初の一歩を踏み出すと、少しずつ行動が続いていくから。自転車もそうだね。最初の一歩は重いけれど、そのあとは比較的楽にペダルをこげるようになるよね。先ほどオオタさんは私のようになりたいって言ってたよね。そのための一歩は何ができると思う？

はい。**「リーダーノート」を作ってみよう**と思いました。今は「自分の業務ノート」は作っているんですが、それと同時に、スギナミ課長や他の人たちのリーダーシップで学べるところを書き溜めてみようと思いました。

今までの「自分の学びノート」に書いてある課長の言動のいいところも、自分の業務のメモとは切り離して「リーダーノート」に書き写していきます。そうすることで、自分が今後リーダーになるときのヒント集になるのではないかと思います。**まずさっそくできる行動**として、ノートを1冊、用意します！

パソコンでノウハウ集にまとめよう・・・とかあまり大きなことはとりあえず考えずに、書き留めるところからやってみます。**ゴール**は、スギナミ課長のような優れたリーダーになることです！

うん、ゴールをしっかり持って、そのために今できることをまず始めてみよう！
きっと何年か経ったときに、「やって良かった！」って思えるんじゃないかな。

はい！　ある程度ノートがまとまったら、課長にも見てもらって、アドバイスをいただきたいなと思います。

【ミニワーク 7－3】

ここまでの学びをふまえて、あなたのなりたいゴール像を設定してみましょう。

どのような人財として職場で活躍できるといいでしょうか。

そして、そのための「小さな第一歩」を具体的に書きだしてみましょう。

4 「目的意識」を持った人は、ヒマにならない

ちなみにオオタさん、**「目的意識を持って過ごしている人」と「そうでない人」の行動は明らかに違うんだけど**、どう思う?

ええー、全然わからないですけど、何とか考えてみます!

あ、時間の使い方が全然違うのではないかと思います。目的を持った人のほうが、上手に時間を使えるのではないかと・・・。

そのとおりなんだ。もうすっかり考えながら答えを出すことが得意になったね。

実は、**目的意識を持って行動している人からは「ヒマだ」という言葉が一切出てこない**んだよね。**時間をダラダラ過ごしたりもしない。**なぜなら、目的地が明確になっているから、ちょっとした時間でもその目的のために行動しようって思うからなんだ。

もちろん、ダラダラする時間を取ることもあるかもしれないけれど、それは意図をもって休んでいるときだね。

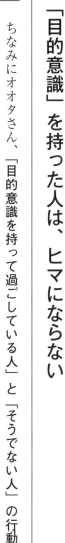

あぁ、それならよくわかります！　私はプライベートでバンドをやってるんですけど、自分たちで曲を作ろうと思っていて、今一生懸命取り組んでるんです。そうするとちょっとした時間でもすぐギターを手に取って何か作れないかなって考えたり、ギターがなくても頭の中でメロディーを浮かべたり、歌詞を考えたりするようになったんです。なので、バンドを始めてから「ヒマだ」と思うことは一切なくなりました。

そうだね、わかりやすい例えだと思うよ。

目的意識を持っている人は、ちょっとした時間ができたときに「自分の目的のために何をしたらいいかがわかっている」から、有効に時間を使えるんだ。

職場とかでも見ていると、目的なく休憩時間を過ごしている人いるよね。なんとなくダラダラとタバコを吸っていたり、なんとなくボーっとスマホを眺めていたりする。

目的意識を持って過ごしている人は、休憩時間でも「10分間だけ昼寝してリフレッシュしよう」とか、「15分時間があるから、ちょっと英語の勉強しよう」とか、「同期の仲間から情報収集しようかな」とか、「健康のために30分は走るぞ」とか、**行動に理由がある**んだ。

長い人生で考えると、この差はとても大きな差になると思わないかい？　でも残念なこ

と に、**目的意識がないままベテランになった人は、同年代の人と大きな差がついてしまったとしても、差がついた理由がわからない**んだ。だから**「運が悪かった」ことにして、愚痴ばかり言う**ようになってしまう。

もちろん**人生は「自分ですべて選択」している**わけだから、無目的に生きることも一つの選択肢だと思うよ。それを否定するわけじゃないからね。だからと言って、**差がついてしまったことに対して、あとから愚痴を言うのは違う**と思うんだ。それって**「自分の選択」に責任を持っていない**よね。

はい、すごくよくわかります。でも、同期や学生時代の仲間と話をしていると、そういう意識を持っていない人ってたくさんいますよね。

目的意識のない人は、どうしたらいいんでしょうね。もし自分がアドバイスをするような機会があれば、課長とのミーティングで自分が考えてきたようなプロセスを事例として紹介できるかな・・・と思いますが。

うん。もし相手がアドバイスを求めてきたら、今のような話もいいんじゃないかな。

求められていないのにアドバイスを言うのは、余計なお世話になるから気をつけようね。

さて、**若いうちは、自分の「人生の目的」や「自分のゴール」が見えない人もたくさん**

いると思うよ。そういう人は、こんな3つのことをまずやってみるといいんじゃないかな。

①まずは目の前の仕事を全力でやってみる

②周囲をキョロキョロして、興味のありそうなことにチャレンジしてみる

③さまざまな分野の人と交流をしてみる

そういうことをしているうちに、**「これは自分にとってすごく心がときめくな」とか「このことを考えているとワクワクするんだよな」「これをやっていると自然と没頭しちゃうんだよね」とか思えるようなことがだんだん見えてくる**んじゃないかなと思うんだ。

目的がわからないとダメだとか、そんなレベルの話じゃないよね。ただ、目的意識があったほうが時間を有意義に使えるし、自分の人生も楽しくなるよ・・・ということなんだ。

はい、よくわかります。

これまで、課長とのミーティングをとおして、ずっと一貫して「目的やゴールを考えること」の重要性を学んできました。**一生のレベルで役に立つ学び**をたくさんもらったと思います。

私が将来マネージャーになったときには、こうやって教わってきたことを部下に伝えていきたいです！　そのためにも先ほどの「リーダーノート」をまず作っていきます。

【ミニワーク 7－4】

ここまでのすべての学びを振り返ってみましょう。
あなたにとって特に価値のある学びを5項目リストアップしてください。
そして、その学びを周囲の人と共有しましょう。

1.

2.

3.

4.

5.

7日目のまとめ

□ 勉強の時間が後回しになってしまうのには、理由がある。それは、仕事の優先度で考えるとわかりやすい。
優先順位は「緊急度」と「重要度」で決まる。勉強は「重要」だが「緊急」ではないことのため、どうしても優先順位が下がってしまうのだ。

□ このため、いかに「急いで対応はしなければならないけれど、さして重要ではない領域」の仕事を効率よく対応し、勉強の時間を生み出していくことが重要となる。

□ その道の本当に一流と言われている人たちは、見えないところで真剣に勉強をしているものだ。
「勉強をおろそかにする習慣」が当たり前になってしまった人の末路は悲惨だ。専門性も高まりきれず、世の中に対するアンテナも低く、他人から学ぶ姿勢もない人は、ビジネスパーソンとして魅力的にならない。

□ だからこそ、時間の使い方で改善できる点はないか考えてみよう。どうしても一人では解決できないものは、上司や先輩に相談し協力してもらおう。

□ 「自分は何のために勉強（成長）するのか（＝目的）」「自分はどんな姿になりたいのか（＝ゴール）」をしっかり考えよう。
同時に、どんな小さなことでも、自分のゴールのために役立つ行動をまずやってみよう。最初の一歩を踏み出すと、少しずつ行動が続くものだ。

□ 目的意識を持っている人は、ちょっとした時間ができたときに「自分の目的のために何をしたらいいか」がわかっている。だから、有効に時間を使うことができ、「ヒマだ」という言葉も一切出てこなくなる。

□ 目的意識がないままベテランになってしまうと、同年代の人と大きな差がついてしまってもその理由がわからないため、「運が悪かった」ことにして、愚痴ばかり言うようになってしまう。
「自分の人生の選択」に責任を持とう。

□ 自分の「人生の目的」や「自分のゴール」が見えない人は
①まずは目の前の仕事を全力でやってみる
②周囲をキョロキョロして、興味のありそうなことにチャレンジしてみる
③さまざまな分野の人と交流をしてみる
すると、次第に自分の本当にやりたいことが見えてくるものだ。

おわりに

最後までお読みくださり、ありがとうございました。

「フルに頭を使って、疲れた」という方もいらっしゃるかもしれませんが、その過程できっと大きな価値を手にされたことと思います。**考えることの意味を知り、それが習慣になれば、もう考えることがつらいことではなくなる**ものなのです。

この本の中で**「自分の当たり前」にハマらない・・・**という話が出てきたかと思います。「私たちが常識だと思っていること」は決して「普遍的なものではない」ということを改めて思い知らされたのが、今回の新型コロナウィルスの影響だといえるかもしれません。

世の中は本来、どんどん動いていくものです。ただ、通常はその変化がゆっくりなので、そのことに気づかない人も多くいます。そのため、現状維持的なスタンスで生きている人も多いと思います。

でも、今回のように一気に状況が変わってしまうと、「時代の変化」を意識せざるを得なくなるのです。今回、いかに状況が大きく変わってしまったかをご理解いただくために、自宅待機の期間中に撮影した私の写真を掲載します。もちろん現在は、カバーのプロフィールのように元のさわやかな姿に戻しておりますが（笑）。

そうやって動いている時代に生きる私たちに重要なことは、**新しい状況に対応する力**です。

この本では、若手社員の皆さんが世の中（社会）を生き抜いていく上で、

・必要となる力（ものごとの本質を考える力、周囲と上手にコミュニケーションを取る力、提案を通す力など）

・求められるあり方（仕事をする上で大切になる心の姿勢など）

を実践的に身につけて、さらなる自己成長につなげるためのヒントを学んできました。

まさに、この本で学んだ内容は、**新しい時代を生き抜いていくための力になる**のではないかと思います。

「目的」をしっかり押さえ、柔軟な発想でものごとをとらえることで、どのような変化があっても動じずに本質的な行動ができる人財になれるのです。

ミニワークを実践し、付箋やマーカーをつけることで、より深い学びにつながったことと思います。学んだ内容は、ぜひ新しい自分の習慣にしていってほしいですし、価値のあった内容は、周囲に共有していきましょう。そうすることで、**あなたの身の周りの人たちの言動の質も高くなります**。

また、さらなる学びを得たい方は、書店へ行って今まで読まなかったジャンルの本にもチャレンジしてみてください。

私の近刊『新版〝思考停止人生〟から卒業するための個人授業〜年間5000人のリーダー職を生む、最強の思考術〜』（ごま書房新社）は本書よりさらに「リーダー職になるためのロジカル思考術」に絞った内容が満載ですので、本書で学んだ読者にはお勧めです。

皆さんの新鮮な感性は、企業にとって大きな財産です（そしてマネージャーには、それを活かす義務があります）。ぜひ、周囲を動かしてイキイキと新しい時代を生き抜いていってください。

この本が皆さんのさらなるご活躍、そして所属する組織のさらなる発展に少しでもお役立ちできましたら幸いです。

２０２０年７月吉日

潮田、滋彦

・著者プロフィール

潮田 、滋彦（うしおだ　しげひこ）

トゥ・ビー・コンサルティング株式会社 代表取締役。米国NLP協会認定NLPトレーナー、DiSC（行動特性分析）認定インストラクター、ハーマンモデル認定ファシリテーター。大手エンジニアリング企業で海外営業職を経験後、企業内人材開発講師の道へ。独立を経て、30年間以上一貫して第一線の研修講師として活動中。講師実績として、一部上場企業を中心に300以上の企業や自治体にて、述べ15万人以上を指導。登壇時間は1万5000時間以上にも及ぶ。また、受講者に合わせて臨機応変に進める研修は満足度が高く、リピート率が95%を超える。現在も年間220日以上のペースで「学ぶことの楽しさ、成長することのワクワク感」を日本中のビジネスパーソンに伝えるために、全国を飛び回る日々を過ごしている。また、後進の若手講師の育成にも力を注いでいる。著書に『速習！シンプルに文章を書く技術～読み手をうならせる32のテクニック～』（PHP研究所）、『"思考停止人生"から卒業するための個人授業』『12万人を指導した"カリスマ講師"が教える"売れっ子講師"になる112の秘訣』（共にごま書房新社）ほか累計6作執筆。

・潮田 、滋彦　WEBサイト
http://www.to-be-consulting.jp/

仕事がデキる「新人・若手社員」になる！
潮田式"1on1"ビジネス基礎研修

著　者	潮田 、滋彦
発行者	池田 雅行
発行所	株式会社 ごま書房新社 〒101-0031 東京都千代田区東神田1-5-5 マルキビル7F TEL 03-3865-8641（代） FAX 03-3865-8643
カバーデザイン	堀川 もと恵（@magimo創作所）
印刷・製本	東港出版印刷株式会社

ISBN978-4-341-08767-8 C0034

ごま書房新社の本

12万人を指導した"カリスマ講師"が教える

"売れっ子講師"になる 112の秘訣

潮田、滋彦 著

こんな方におススメ!

- プロとして独立して研修・セミナーを実施することを目指している人
- すでに独立しているが、まだまだ自信のない講師
- 社内で研修の一コマを担当する講師（例えば、福利厚生について新入社員に1時間程度の講義をするなど）
- 講師ではないが、部下指導や職場での勉強会の講師を担当する人

カリスマ講師"潮田、滋彦"の講師術を完全公開!
同業の講師、教師、研修担当からも絶賛!

【年間220回登壇の人気講師が実践する"プロの講師術"】
打ち上げ花火のように一時的に輝く講師はたくさんいます。あなたが「講師」を目指している場合、息長く継続的に第一線で活躍できる講師になるために、何が必要かをぜひ受け止めてみてください。それが本当に「売れる」ということなのです。
「稼ぐ講師」を目指してしまうと、成長がとまってしまいがちになり、講師としての「価値」や「魅力」は失われます。結果として人気も稼ぎもない「イマイチ講師」になってしまうのです。本書では、その理由についても考えていきます。

本体1450円＋税　四六版　200頁　ISBN978-4-341-08646-6　C0034